# APRENDA MLFLOW

*Gerencie Pipelines e Modelos de*
*Machine Learning com Eficiência*

## Diego Rodrigues

# APRENDA MLFLOW

## Gerencie Pipelines e Modelos de Machine Learning com Eficiência

Edição 2025

Autor: Diego Rodrigues

studiod21portoalegre@gmail.com

**Nota Importante**

Os códigos e scripts apresentados neste livro têm como principal objetivo ilustrar, de forma prática, os conceitos discutidos ao longo dos capítulos. Foram desenvolvidos para demonstrar aplicações didáticas em ambientes controlados, podendo, portanto, exigir adaptações para funcionar corretamente em contextos distintos. É responsabilidade do leitor validar as configurações específicas do seu ambiente de desenvolvimento antes da implementação prática.

Mais do que fornecer soluções prontas, este livro busca incentivar uma compreensão sólida dos fundamentos abordados, promovendo o pensamento crítico e a autonomia técnica. Os exemplos apresentados devem ser vistos como pontos de partida para que o leitor desenvolva suas próprias soluções, originais e adaptadas às demandas reais de sua carreira ou projetos. A verdadeira competência técnica surge da capacidade de internalizar os princípios essenciais e aplicá-los de forma criativa, estratégica e transformadora.

Estimulamos, portanto, que cada leitor vá além da simples reprodução dos exemplos, utilizando este conteúdo como base para construir códigos e scripts com identidade própria, capazes de gerar impacto significativo em sua trajetória profissional. Esse é o espírito do conhecimento aplicado: aprender profundamente para inovar com propósito.

Agradecemos pela confiança e desejamos uma jornada de estudo produtiva e inspiradora.

# ÍNDICE

# SAUDAÇÕES

É com grande entusiasmo que o recebo para mergulhar no universo de eficiência e controle total sobre pipelines e modelos de Machine Learning por meio do MLflow. Sua iniciativa de dominar esta poderosa plataforma demonstra um claro compromisso com a evolução profissional e a busca por soluções escaláveis e eficazes para projetos de Ciência de Dados e Aprendizado de Máquina.

Neste livro, APRENDA MLflow – Gerencie Pipelines e Modelos de Machine Learning com Eficiência, você encontrará uma abordagem estruturada e completamente voltada à prática, direcionada a profissionais e entusiastas que desejam ir além do básico. Cada capítulo foi pensado para proporcionar conhecimentos progressivos, desde a configuração essencial do ambiente até estratégias avançadas de integração e automação de pipelines.

A escolha por investir tempo no MLflow indica a consciência de que o sucesso em Machine Learning não se limita à criação de algoritmos precisos, mas depende também de gestão eficiente de experimentos, reprodutibilidade consistente e implantação confiável de modelos. Seu domínio proporcionará um diferencial valioso, viabilizando a construção de soluções orientadas a resultados concretos, mensuráveis e continuamente melhoráveis.

Ao longo destes capítulos, você terá acesso a conceitos práticos, exemplos cuidadosamente elaborados e seções dedicadas a erros comuns, boas práticas e resumos estratégicos. Essa estrutura garante não apenas o entendimento conceitual, mas também a aplicação imediata no cotidiano profissional, permitindo que cada técnica aprendida seja facilmente testada e integrada a cenários de desenvolvimento real.

Prepare-se para aprofundar conhecimentos, resolver desafios e alcançar um nível de controle inigualável sobre todo o ciclo de vida de modelos de Machine Learning. É um prazer tê-lo(a) nesta jornada rumo à excelência na gestão de projetos de IA, e espero que cada tópico abordado se torne uma ferramenta poderosa na construção de soluções robustas, escaláveis e alinhadas às melhores práticas do mercado.

Seja bem-vindo(a) e ótima leitura!

# SOBRE O AUTOR

**Diego Rodrigues**
Autor Técnico e Pesquisador Independente
ORCID: https://orcid.org/0009-0006-2178-634X
StudioD21 Smart Tech Content & Intell Systems
E-mail: studiod21portoalegre@gmail.com
LinkedIn: www.linkedin.com/in/diegoxpertai

Autor técnico internacional (tech writer) com foco em produção estruturada de conhecimento aplicado. É fundador da StudioD21 Smart Tech Content & Intell Systems, onde lidera a criação de frameworks inteligentes e a publicação de livros técnicos didáticos e com suporte por inteligência artificial, como as séries Kali Linux Extreme, SMARTBOOKS D21, entre outras.

Detentor de 42 certificações internacionais emitidas por instituições como IBM, Google, Microsoft, AWS, Cisco, META, Ec-Council, Palo Alto e Universidade de Boston, atua nos campos de Inteligência Artificial, Machine Learning, Ciência de Dados, Big Data, Blockchain, Tecnologias de Conectividade, Ethical Hacking e Threat Intelligence.

Desde 2003, desenvolveu mais de 200 projetos técnicos para marcas no Brasil, EUA e México. Em 2024, consolidou-se como um dos maiores autores de livros técnicos da nova geração, com mais de 180 títulos publicados em seis idiomas. Seu trabalho tem como base o protocolo próprio de escrita técnica aplicada TECHWRITE 2.2, voltado à escalabilidade, precisão conceitual e aplicabilidade prática em ambientes profissionais.

# APRESENTAÇÃO DO LIVRO

Em APRENDA MLflow – Gerencie Pipelines e Modelos de Machine Learning com Eficiência, reunimos o que há de mais importante para que você consiga orquestrar todo o ciclo de vida de seus projetos de Machine Learning de forma organizada, escalável e segura. Iniciamos com uma visão geral fundamental do que é o MLflow e por que ele se tornou uma ferramenta indispensável para profissionais de Ciência de Dados que buscam reprodutibilidade e controle de versões em seus experimentos. Em seguida, exploramos o gerenciamento de modelos e a arquitetura base, esclarecendo como cada componente (Tracking, Projects, Models e Model Registry) interage para simplificar desde a configuração inicial até o registro e o monitoramento de modelos já implantados.

Avançamos para a parte de instalação e ajustes de ambiente, orientando como garantir que tudo funcione adequadamente, inclusive nos cenários onde o trabalho em equipe e a necessidade de compartilhamento de recursos se tornam parte essencial do projeto. Na sequência, mergulhamos no uso prático do MLflow para registrar parâmetros, métricas e artefatos, demonstrando como isso facilita a comparação de resultados e a escolha da melhor abordagem. Gradualmente, apresentamos as funcionalidades de MLflow Projects, Model Registry, integração com pipelines de CI/CD e formas de exibir e analisar métricas, cobrindo desde tarefas clássicas até estratégias de engenharia de features e preocupação com segurança e permissões.

A partir daí, o foco se volta para cenários mais complexos, como o escalonamento de artefatos, a implantação em provedores de nuvem e os processos de monitoramento de modelos em produção, ressaltando como contornar desafios de infraestrutura e integrar-se a ambientes corporativos. Também discutimos exemplos reais de uso do MLflow em grandes empresas, o que reforça a relevância prática dos conceitos ao longo de todo o conteúdo. Há capítulos específicos voltados a integrações com AutoML, Spark, Big Data e metodologias de otimização de hiperparâmetros, mostrando como gerenciar fluxos de trabalho robustos e extrair o máximo proveito da plataforma.

Os capítulos finais reúnem boas práticas consolidadas, casos de falhas e planos de contingência, além de um checklist abrangente para projetos com MLflow, conferindo uma visão unificada que consolida todos os pontos críticos abordados. Assim, este livro oferece uma experiência completa, permitindo que você, leitor, tenha não apenas o coonhecimento técnico dos recursos do MLflow, mas também a segurança necessária para aplicar cada etapa em cenários reais e extrair insights confiáveis para evoluir suas soluções de Machine Learning.

# CAPÍTULO 1. VISÃO GERAL DO MLFLOW

O avanço das soluções de Machine Learning no mercado corporativo e acadêmico provocou uma mudança significativa na forma como modelos são desenvolvidos, treinados e entregues. A produção de modelos isolados, sem controle sistemático de versões, hiperparâmetros ou artefatos gerados, tornou-se rapidamente um problema técnico e operacional. Com a ampliação da escala dos projetos, surgiram necessidades específicas de padronização, rastreamento, reprodutibilidade e implantação confiável. Foi nesse cenário que o MLflow se consolidou como um dos principais frameworks de gestão do ciclo de vida de Machine Learning, oferecendo uma plataforma modular, flexível e independente de linguagens ou frameworks específicos.

Com origem na Databricks, o MLflow foi criado para preencher uma lacuna evidente: a ausência de uma ferramenta leve e ao mesmo tempo robusta que unificasse os processos de experimentação, versionamento de modelos e gerenciamento de deploys. Ao contrário de plataformas fechadas ou altamente acopladas a um único stack, o MLflow prioriza a interoperabilidade e a liberdade técnica. Ele permite que times de engenharia e ciência de dados colaborem com consistência, sem depender de práticas artesanais ou scripts manuais para registrar o progresso de seus experimentos.

A estrutura do MLflow é organizada em quatro componentes principais. Cada um deles resolve um problema específico dentro do fluxo operacional de Machine Learning:

1. **MLflow Tracking**
   É o coração do rastreamento de experimentos. Ele permite registrar execuções, comparar métricas, armazenar parâmetros e versionar artefatos. Essa camada é essencial para responder perguntas como "qual foi o melhor modelo que treinamos para este problema?", ou "o que mudou nesta nova versão e por que ela teve uma performance diferente?".

2. **MLflow Projects**
   Define uma convenção de estrutura de diretórios e arquivos que facilita a reprodutibilidade dos experimentos. A proposta é simples: encapsular o ambiente e os comandos necessários para executar um projeto de ML de forma portável, seja localmente ou em servidores remotos.

3. **MLflow Models**
   Organiza e salva os modelos treinados em formatos reutilizáveis, permitindo que sejam carregados, servidos como API REST ou até implantados em servidores de produção com mínima intervenção.

4. **Model Registry**
   Funciona como um catálogo versionado de modelos, com controle de acesso, transições de estágio (como staging, production e archived) e comentários colaborativos. Ele viabiliza o fluxo de aprovação e governança que muitas empresas precisam antes de colocar um modelo em produção.

Esses módulos podem ser utilizados de forma isolada, mas quando combinados criam uma plataforma completa de gerenciamento de Machine Learning. A modularidade é uma das grandes vantagens do MLflow: não é necessário adotar a plataforma por inteiro para colher seus benefícios. Equipes que já possuem uma pipeline definida podem introduzir o MLflow gradualmente, adicionando camadas de controle e rastreamento conforme a necessidade.

Além disso, o MLflow não depende de um framework específico de modelagem. Ele é compatível com projetos escritos em Python, R, Java e até mesmo em outros ambientes, desde que seja possível invocar comandos a partir de uma linha de comando ou interface REST. Isso permite que times multidisciplinares adotem o MLflow sem alterar profundamente seus fluxos de trabalho já estabelecidos.

Outro diferencial relevante está na independência de infraestrutura. O MLflow pode ser executado em ambientes locais, em servidores on-premises ou na nuvem. Pode utilizar sistemas de arquivos locais, bancos de dados relacionais ou serviços em nuvem para armazenar experimentos, artefatos e modelos. Essa flexibilidade o torna adaptável tanto a projetos acadêmicos quanto a grandes operações em empresas multinacionais com requisitos rigorosos de compliance e escalabilidade.

O impacto direto do MLflow na produtividade de um time de ciência de dados é perceptível a partir do momento em que se tenta reproduzir um experimento antigo. Sem um sistema de tracking adequado, é comum que modelos superiores fiquem esquecidos por falta de documentação, ou que novas versões sejam menos performáticas por desconhecimento das configurações anteriores. Com o MLflow, é possível comparar versões, avaliar decisões passadas, restaurar artefatos antigos e até reexecutar pipelines completas com os mesmos parâmetros, dados e versões de bibliotecas.

A rastreabilidade completa traz segurança técnica e favorece o trabalho colaborativo. Uma equipe pode trabalhar de forma distribuída e assíncrona, com cada membro registrando suas execuções e descobertas de forma estruturada. Isso evita retrabalho, melhora a comunicação entre áreas e reduz drasticamente o tempo necessário para validar hipóteses ou promover modelos à produção.

Outro ponto importante é a centralização da documentação técnica. Ao registrar um experimento com MLflow, são salvos parâmetros de entrada, métricas de avaliação, logs, artefatos (como arquivos CSV, imagens, modelos treinados) e até código-fonte associado à execução. Essa documentação viva é atualizada automaticamente e pode ser acessada via interface gráfica, linha de comando ou API REST, facilitando a integração com outras ferramentas da stack de dados e engenharia.

Além do uso manual, o MLflow também pode ser automatizado. Pipelines de CI/CD podem ser configuradas para registrar experimentos, treinar modelos e atualizar o Model Registry sempre que houver mudanças no repositório de código. Isso permite integrar boas práticas de engenharia de software (como testes automatizados, versionamento, revisão de código) aos processos de desenvolvimento de modelos de Machine Learning.

Em cenários de produção, o MLflow também facilita o gerenciamento de implantações. Com ele, é possível subir um modelo diretamente como um endpoint REST, pronto para servir previsões. Ou então exportá-lo em formatos compatíveis com serviços como SageMaker, Azure ML ou plataformas internas. Essa interoperabilidade acelera o time-to-deploy e reduz os riscos técnicos associados a migrações e integrações.

Outro aspecto estratégico é a governança. Organizações que precisam garantir reprodutibilidade, rastreabilidade e auditoria de seus modelos encontram no MLflow um aliado natural. A capacidade de versionar modelos com controle de acesso, registrar comentários técnicos e documentar a lógica de cada versão permite atender exigências de conformidade sem burocracia excessiva.

O uso do MLflow também estimula a adoção de boas práticas técnicas. Ao tornar explícitos os parâmetros, métricas e artefatos utilizados, ele obriga o time a refletir sobre a estrutura dos seus experimentos e a documentar decisões com clareza. Essa técnica reduz o acúmulo de "dívida de experimentação" — aquele conjunto de modelos que ninguém mais sabe como foram gerados ou com quais dados foram treinados.

Ao longo deste livro, esses e outros conceitos serão explorados com profundidade. Cada capítulo irá se concentrar em um componente ou prática essencial do MLflow, com exemplos aplicáveis, explicação detalhada de código, boas práticas e reflexões estratégicas. A proposta é que você, leitor, tenha condições de estruturar um pipeline completo e confiável, utilizando o MLflow como base para acelerar a experimentação, qualificar decisões e garantir excelência operacional em seus projetos de Machine Learning.

Mais do que aprender comandos e funcionalidades, a meta é que você domine o racional técnico que fundamenta o uso de uma plataforma como o MLflow. Essa compreensão ampliada permitirá que você adapte as soluções às suas necessidades, personalize fluxos de trabalho e leve seu time a um novo nível de maturidade na gestão de modelos.

A jornada começa com esta visão ampla e contextual. A partir daqui, cada próximo passo será um avanço prático rumo à construção de pipelines profissionais, auditáveis e escaláveis. O conhecimento aprofundado do MLflow não é apenas uma vantagem competitiva — é, hoje, uma exigência para qualquer equipe que deseje entregar modelos confiáveis em ambientes reais.

# CAPÍTULO 2. FUNDAMENTOS DE GERENCIAMENTO DE MODELOS

Construir modelos de Machine Learning com qualidade exige mais do que entender algoritmos ou manipular datasets. Em ambientes reais, a diferença entre um experimento pontual e uma solução profissional está na capacidade de gerenciar o ciclo de vida dos modelos com clareza, rastreabilidade e segurança. O gerenciamento de modelos não é um luxo técnico, mas um pré-requisito para garantir reprodutibilidade, performance contínua e confiabilidade operacional.

Quando falamos em gerenciar modelos, estamos tratando de toda a jornada que um modelo percorre: desde a concepção da hipótese, passando pelo treinamento, avaliação, validação cruzada e deploy, até a monitoração pós-implantação e o versionamento contínuo. A jornada, por vezes chamada de ML Lifecycle, precisa ser registrada e controlada com rigor técnico para garantir que cada decisão seja auditável, cada versão seja reprodutível e cada alteração seja justificada. Ignorar esse processo é o caminho mais curto para um acúmulo de "modelos fantasmas" — arquivos que ninguém mais sabe de onde vieram ou como foram gerados.

Modelos de Machine Learning, ao contrário de códigos tradicionais, são produtos gerados por um processo estatístico e empírico. Isso significa que pequenas variações nos dados, na ordem de execução ou nos hiperparâmetros podem alterar significativamente os resultados. Por isso, não basta versionar o código que os treina: é necessário capturar o contexto da execução, os dados de entrada, os parâmetros, as métricas resultantes e os artefatos finais. Sem essa estrutura, não há como comparar resultados de forma confiável, nem evoluir soluções com base em decisões técnicas transparentes.

O gerenciamento de modelos começa com o rastreamento de experimentos. Cada tentativa de treinamento deve ser registrada como uma execução única, com parâmetros nomeados, métricas claras e artefatos bem definidos. Ferramentas como o MLflow Tracking foram criadas exatamente para esse fim: capturar automaticamente ou manualmente os elementos essenciais de cada experimento e armazená-los de forma organizada, acessível e auditável. O uso dessa abordagem permite comparar modelos não apenas por acurácia final, mas por critérios técnicos e operacionais mais amplos, como tempo de execução, complexidade computacional e robustez do resultado.

Outro pilar essencial do gerenciamento é o versionamento. Cada modelo aprovado deve ser salvo em um formato padronizado, com metadados completos e lógica de carregamento previsível. O MLflow Models, por exemplo, permite empacotar um modelo como uma função Python que pode ser reusada, exportada ou servida como API. Essa padronização reduz a fricção entre ciência e engenharia, facilitando a transição entre ambientes de experimentação e produção. Além disso, ela permite que o modelo seja implantado em diferentes plataformas, como contêineres, ambientes serverless ou serviços gerenciados.

O versionamento também deve incluir o controle de estágios. Nem todo modelo está pronto para produção assim que atinge uma métrica satisfatória. É comum que se defina um fluxo de promoção com etapas intermediárias, como "Staging" e "Validation", antes de liberar uma versão "Production". A lógica, implementada pelo Model Registry do MLflow, garante que haja um processo claro de validação e aprovação de modelos, com controle de acesso, comentários técnicos e transições explícitas. Esse fluxo evita deploys acidentais, facilita rollback e promove uma cultura de responsabilidade técnica sobre os modelos implantados.

A integração entre experimentação e operações é outro desafio comum. Modelos treinados por cientistas de dados precisam ser operacionalizados por engenheiros. Sem um ponto central de documentação e versionamento, esse processo se torna artesanal e sujeito a erros. O gerenciamento de modelos funciona como uma ponte entre essas duas áreas, padronizando entradas e saídas, registrando decisões e criando um histórico técnico que pode ser seguido por qualquer membro da equipe. O alinhamento é essencial para times multidisciplinares, onde diferentes profissionais contribuem em etapas distintas do ciclo de vida do modelo.

O controle de artefatos também é parte fundamental da gestão. Além do modelo treinado em si, é importante salvar os datasets utilizados, os scripts de pré-processamento, as visualizações geradas e os logs da execução. Cada elemento contribui para o entendimento e a reprodutibilidade do resultado final. Ferramentas como o MLflow permitem armazenar esses artefatos de forma organizada, com links diretos para cada run, facilitando a inspeção posterior e a auditoria técnica. Essa documentação viva se torna um ativo valioso para o time, que pode revisitar modelos antigos, reaproveitar partes do pipeline ou extrair insights sobre decisões passadas.

Outro ponto crítico é a reprodutibilidade. Um modelo só é confiável se puder ser regenerado a partir do zero com os mesmos dados, parâmetros e ambiente. Isso exige não apenas versionamento do código e dos dados, mas também controle do ambiente de execução — como bibliotecas, versões de dependências e configuração de hardware. O uso de arquivos como requirements.txt, conda.yaml ou mesmo imagens de contêineres ajuda a garantir que o ambiente seja reproduzível. O MLflow Projects amplia essa lógica ao encapsular todas as dependências de um projeto em um único arquivo, permitindo que ele seja executado em diferentes máquinas de forma idêntica.

A reprodutibilidade é especialmente importante em ambientes regulados, como o setor financeiro, saúde ou energia. Em tais contextos, qualquer decisão tomada por um modelo precisa ser justificável e rastreável. O gerenciamento de modelos garante que seja possível reconstruir o estado do sistema no momento em que uma predição foi feita, fornecendo segurança jurídica e técnica para os envolvidos. Mesmo em empresas fora desses setores, a capacidade de revisar decisões algorítmicas passadas se torna uma vantagem competitiva, especialmente em projetos de longa duração ou com impacto estratégico.

É importante destacar que o gerenciamento de modelos também inclui o descarte planejado. Nem todo modelo precisa ser mantido indefinidamente. Alguns serão substituídos, outros arquivados por baixa performance ou mudança no contexto de negócio. Ter uma política clara de ciclo de vida, com critérios para promoção, expiração e arquivamento, ajuda a manter o ambiente limpo e organizado. O Model Registry do MLflow suporta esse tipo de controle, permitindo mover modelos entre estágios, adicionar tags, arquivar versões antigas e documentar as razões de cada transição.

O gerenciamento de modelos também facilita o aprendizado organizacional. Ao manter um histórico estruturado de tentativas, erros, acertos e ajustes, a equipe ganha visibilidade sobre o que funciona e o que não funciona. Esse conhecimento acumulado permite decisões mais rápidas e precisas em projetos futuros. Em vez de repetir experimentos ou cometer os mesmos erros, é possível consultar o histórico, analisar os resultados e construir soluções a partir de uma base sólida. O versionamento técnico se transforma em um mecanismo de memória coletiva e melhoria contínua.

## Resolução de Erros Comuns

Erro: "Run not recorded in tracking server"

Causa provável: A função de rastreamento do MLflow (mlflow.start_run()) não foi chamada ou foi encerrada incorretamente.
Solução recomendada: Iniciar e finalizar explicitamente cada execução com mlflow.start_run() e mlflow.end_run(), garantindo que o contexto esteja ativo durante todo o experimento.

Erro: "Model overwritten without warning"
Causa provável: Reuso de nome de modelo sem controle de versão no salvamento.
Solução recomendada: Sempre utilizar o Model Registry com versionamento automático ou incluir número de versão no nome do modelo salvo manualmente.

Erro: "Conda environment not reproducible"
Causa provável: Alterações manuais no ambiente após a geração do conda.yaml.
Solução recomendada: Regenerar o conda.yaml a cada alteração relevante ou utilizar ambientes imutáveis via Docker.

Erro: "Model registered but not deployed"
Causa provável: Modelo aprovado no registry, mas sem processo automatizado de deploy vinculado.
Solução recomendada: Integrar a transição de estágio do Model Registry com scripts de CI/CD ou serviços de deploy para garantir implantação automática ou supervisionada.

### Boas Práticas

Utilize nomes descritivos para experimentos, runs e modelos, preferencialmente com estrutura padronizada. Isso facilita a filtragem, busca e automação futura.

- Mantenha consistência no registro de parâmetros.
  Defina nomes fixos e use o mesmo padrão em todos os experimentos (por exemplo, learning_rate, batch_size, dropout_rate) para evitar dispersão de métricas.

- Salve os modelos sempre com seus metadados associados: data de treino, dataset utilizado, pipeline de pré-processamento, métrica alvo e responsável técnico. Assim permite-se consultas mais rápidas e documentação automatizada.

- Defina critérios objetivos para promoção de modelos no registry. Por exemplo: só promover a production se a acurácia for maior que X, o F1 acima de Y e o tempo de resposta menor que Z. Esses critérios podem ser automatizados no pipeline de CI/CD.

- Armazene todos os artefatos relevantes da execução, incluindo scripts auxiliares, logs, relatórios e visualizações. Mesmo que alguns não sejam usados diretamente, podem ser úteis em auditorias ou análises futuras.

- Utilize tags e descrições nos modelos salvos. Um modelo sem descrição é um modelo abandonado. Uma frase curta sobre o objetivo do modelo já ajuda a contextualizar sua função.

### Resumo Estratégico

Gerenciar modelos de forma profissional é a base da maturidade em projetos de Machine Learning. Sem rastreamento, versionamento e controle de execução, modelos se tornam artefatos opacos e inseguros, incapazes de serem auditados, mantidos ou evoluídos com confiança. O uso de plataformas como o MLflow traz visibilidade, organização e governança para esse processo, transformando experimentação solta em operação confiável. Cada experimento registrado, cada modelo versionado e cada artefato documentado representa um passo rumo à consolidação de uma engenharia de Machine Learning robusta, segura e escalável. Ao aprogundar-se nos fundamentos de gerenciamento de modelos, você estrutura um alicerce técnico que sustentará todas as etapas futuras do seu pipeline de inteligência artificial.

# CAPÍTULO 3. ARQUITETURA E COMPONENTES DO MLFLOW

A construção de pipelines de Machine Learning em ambientes profissionais exige um nível de organização que vá além da modelagem estatística. É necessário orquestrar ferramentas, dados, códigos, artefatos e métricas de forma sistemática, auditável e extensível. O MLflow foi projetado para atuar como esse sistema nervoso central, coordenando diferentes fases e funções em torno do ciclo de vida dos modelos. A chave da sua robustez está na arquitetura modular: cada componente resolve um problema específico, mas todos trabalham em conjunto com fluidez e coerência. Compreender essa estrutura é essencial para configurar e adaptar o MLflow às necessidades reais do seu time e da sua operação.

A arquitetura do MLflow é dividida em quatro grandes componentes: Tracking, Prójects, Models e Model Registry. Juntos, eles compõem um ecossistema que cobre desde o desenvolvimento inicial até o deploy e a governança de modelos em produção. Essa separação de responsabilidades permite modularidade, escalabilidade e flexibilidade. O usuário pode utilizar apenas um componente ou todos, integrando-os gradualmente a outros sistemas da empresa. Ao conhecer a função de cada módulo, é possível projetar soluções que sejam simples o suficiente para pequenos times e robustas o bastante para atender a demandas corporativas.

## MLflow Tracking

O MLflow Tracking é o núcleo de rastreamento de experimentos.

Ele permite registrar execuções (chamadas de runs), armazenar parâmetros utilizados, salvar métricas obtidas, guardar artefatos gerados (como modelos, arquivos de validação, gráficos, logs) e até mesmo vincular código-fonte à execução. Esse registro completo transforma cada execução em um objeto estruturado, comparável e auditável.

Por padrão, o Tracking armazena os dados localmente em um diretório .mlruns, mas também pode ser configurado para utilizar um servidor remoto com banco de dados relacional e sistema de arquivos distribuído. Essa flexibilidade permite começar de forma simples e evoluir sem mudanças de código.

- Principais elementos:

  o Experimentos – Agrupam várias execuções com um mesmo objetivo.

  o Runs – Cada execução registrada com parâmetros, métricas e artefatos.

  o Tags – Permitem categorizar execuções com metadados úteis.

  o UI – Interface web interativa para inspeção e comparação de runs.

A integração com bibliotecas como Scikit-learn, PyTorch, XGBoost ou LightGBM pode ser feita manualmente (com comandos mlflow.log_param(), mlflow.log_metric()) ou de forma automática, com wrappers como mlflow.sklearn.autolog().

### MLflow Projects

O módulo MLflow Projects estabelece uma convenção para estruturar projetos de Machine Learning de forma reprodutível. Ele define como organizar os arquivos, como descrever o ambiente necessário e como executar os scripts principais, seja localmente ou remotamente. Essa padronização resolve o problema comum de "funciona na minha máquina, mas não na sua".

O MLflow identifica um projeto a partir de um arquivo chamado MLproject, que funciona como um manifesto. Esse arquivo declara:

- O nome do projeto

- O ambiente de execução (Conda ou Docker)

- Os parâmetros esperados

- O comando principal de execução

Com isso, qualquer pessoa com MLflow instalado pode clonar o repositório do projeto e executá-lo com um simples comando mlflow run, sem precisar configurar manualmente bibliotecas ou dependências.

- Vantagens do Projects:

    o Redução de fricção entre times de ciência e engenharia

    o Facilitação da automação com CI/CD

    o Compatibilidade com execução distribuída

Além disso, o Projects pode ser integrado com ferramentas de controle de versão como Git, permitindo o rastreamento exato da versão do código utilizado em cada execução registrada no Tracking.

### MLflow Models

O MLflow Models trata da padronização do salvamento e reutilização de modelos treinados. Ao salvar um modelo com mlflow.<flavor>.log_model(), ele é automaticamente empacotado em um formato compatível com múltiplas plataformas de deploy. Cada modelo salvo contém:

- O código para carregá-lo

- As dependências do ambiente

- A definição de entrada/saída da predição

- Arquivos de suporte (tokenizers, pipelines, etc.)

O modelo empacotado pode ser carregado em qualquer ambiente compatível, ser servido como uma REST API com mlflow models serve, ou exportado para ferramentas como Azure ML, SageMaker, Databricks, Kubernetes, entre outras.

Os flavors são padrões de compatibilidade. Um modelo pode ser salvo em múltiplos flavors ao mesmo tempo: por exemplo, um modelo Scikit-learn pode ser salvo com os flavors python_function e sklearn, permitindo carregamento por qualquer ferramenta compatível com a API genérica do MLflow ou com a interface específica do Scikit-learn.

- Funcionalidades úteis:

    o Deploy local com mlflow models serve

    o Exportação para contêineres Docker

    o Conversão para ONNX, PyFunc, Java, R

O objetivo é tornar o modelo treinado um ativo portável, reutilizável e independente do ambiente onde foi criado.

## Model Registry

O Model Registry atua como um sistema de gerenciamento de versões de modelos. Ele registra cada modelo salvo, armazena suas versões, permite comentários técnicos, define estágios e estabelece um fluxo formal de aprovação.

O repositório centraliza o controle e oferece visibilidade sobre o que está em produção, o que está em teste e o que está obsoleto. Cada versão registrada pode ter:

- Um estágio atribuído (None, Staging, Production, Archived)

- Comentários e documentação interna

- Histórico de transições

- Links para os runs que originaram aquele modelo

O controle granular facilita o processo de deploy e rollback, além de permitir auditorias detalhadas e colaboração entre áreas. Com o Registry, times de MLOps conseguem aplicar boas práticas de DevOps, como promoção automatizada, teste de regressão e validação contínua.

A integração com CI/CD é direta: ao promover um modelo para produção, um script automatizado pode disparar a implantação da nova versão, atualizar a API, reiniciar serviços e validar a integridade dos endpoints.

## Integração entre os Componentes

Embora cada componente funcione de forma autônoma, a força do MLflow está na combinação integrada. A cadeia completa se conecta da seguinte forma:

- Um projeto estruturado com MLproject é executado via mlflow run.

- Durante a execução, parâmetros e métricas são registrados via Tracking.

- Ao final, o modelo treinado é salvo com mlflow.log_model().

- Esse modelo é automaticamente versionado no Registry.

- Se aprovado, ele pode ser servido com mlflow models serve ou exportado.

- Todo o ciclo fica documentado, auditável e reprodutível.

Essa integração cria uma trilha completa da ideia à produção, permitindo que diferentes times atuem em momentos distintos do processo com total visibilidade. Um cientista de dados pode treinar o modelo, o engenheiro de MLOps pode implantá-lo, o gestor pode monitorar as métricas e a equipe de compliance pode auditar todas as etapas.

### Resolução de Erros Comuns

Erro: "MLproject file not found"
Causa provável: Execução de um projeto sem o manifesto.
Solução recomendada: Criar o arquivo MLproject com as chaves name, conda_env, entry_points.

Erro: "Flavor not recognized" ao salvar modelo
Causa provável: Tentativa de salvar com flavor não suportado.
Solução recomendada: Verificar a biblioteca utilizada e garantir compatibilidade com os flavors suportados (mlflow.sklearn, mlflow.pyfunc, etc).

Erro: "Cannot transition model to Production"
Causa provável: Permissões ausentes no Model Registry.
Solução recomendada: Conceder permissões ao usuário ou ajustar as configurações de autenticação do backend store.

Erro: "Artifact storage permission denied"
Causa provável: Caminho ou bucket sem acesso de escrita.
Solução recomendada: Verificar configuração de --default-artifact-root e credenciais de acesso ao storage configurado.

## Boas Práticas

- Utilizar nomes consistentes para runs, modelos e parâmetros, evitando abreviações obscuras ou genéricas.

- Versionar os ambientes utilizados com Conda ou Docker, salvando sempre a especificação junto ao projeto.

- Automatizar a execução de projetos com mlflow run a partir de pipelines de CI/CD, garantindo reprodutibilidade.

- Salvar os modelos com múltiplos flavors quando possível, maximizando a portabilidade.

- Usar o Model Registry como repositório único, evitando múltiplas cópias de modelos em diferentes diretórios.

## Resumo Estratégico

A arquitetura modular do MLflow foi desenhada para cobrir, com precisão e clareza, todas as etapas do ciclo de vida de modelos de Machine Learning. Cada componente tem um papel específico e valioso: o Tracking organiza os experimentos, o Projects garante reprodutibilidade, o Models empacota modelos de forma padronizada e o Registry assegura controle de versão e governança. Quando usados em conjunto, esses módulos transformam a prática de experimentação isolada em uma operação contínua, auditável e escalável.

# CAPÍTULO 4. INSTALAÇÃO E CONFIGURAÇÃO DO AMBIENTE

A adoção eficaz do MLflow começa por uma etapa crítica: a instalação e configuração adequada do ambiente. Essa fase, muitas vezes subestimada, tem impacto direto na fluidez de experimentos, na rastreabilidade dos resultados e na integração com outros sistemas da stack de dados. Um ambiente mal configurado pode gerar inconsistências difíceis de depurar, perda de logs, falhas de autenticação e até a impossibilidade de reproduzir modelos. Por isso, esta etapa deve ser tratada com o mesmo rigor técnico aplicado ao desenvolvimento dos modelos.

O MLflow foi concebido para operar com flexibilidade. Ele pode ser instalado localmente, utilizado em servidores remotos, acoplado a notebooks ou integrado a pipelines de CI/CD. Também pode ser configurado com diferentes tipos de backend e armazenamento de artefatos, o que permite adaptar a ferramenta às restrições e objetivos de cada projeto. Essa versatilidade exige decisões conscientes na montagem do ambiente, respeitando critérios como escalabilidade, persistência, segurança e facilidade de manutenção.

A instalação básica do MLflow pode ser realizada com um único comando:

bash

```
pip install mlflow
```

A instalação habilita a CLI (mlflow), os módulos de rastreamento e logging, os flavors de modelos, o servidor web local e a capacidade de executar projetos. Contudo, para uso em ambientes profissionais, é necessário complementar essa instalação com a configuração de backend store, artifact store e variáveis de ambiente apropriadas.

## Backend Store: controle de execuções

O backend store é o componente responsável por armazenar os metadados dos experimentos: parâmetros, métricas, tags, nomes de experimentos e referências aos artefatos. Por padrão, o MLflow usa um diretório local com arquivos .sqlite, o que é suficiente para testes e projetos individuais. Para uso em equipe ou persistência robusta, o ideal é configurar um banco relacional como PostgreSQL, MySQL ou um serviço gerenciado compatível.

- Exemplo de string de conexão para PostgreSQL:

bash

```
export MLFLOW_TRACKING_URI=postgresql://
user:password@host:port/dbname
```

O banco de dados deve ser previamente criado, e o usuário precisa ter permissões adequadas de leitura e escrita. A estrutura das tabelas é gerada automaticamente na primeira execução.

## Artifact Store: persistência de arquivos

O artifact store guarda os arquivos associados às execuções: modelos treinados, imagens, arquivos de log, relatórios e qualquer outro tipo de artefato. Localmente, esses arquivos são salvos em subpastas dentro do diretório .mlruns. Em ambientes corporativos, recomenda-se utilizar sistemas externos como Amazon S3, Google Cloud Storage ou Azure Blob.

- Modelo de configuração com S3:

bash

```
mlflow server \
  --backend-store-uri postgresql://user:pass@host/db \
  --default-artifact-root s3://meu-bucket/mlflow \
  --host 0.0.0.0 --port 5000
```

A separação entre metadados e arquivos físicos traz maior robustez à solução. Permite, por exemplo, escalonar horizontalmente o backend e isolar a camada de armazenamento, otimizando custos e segurança.

### Executando o MLflow Tracking Server

O servidor do MLflow pode ser iniciado manualmente com o seguinte comando:

bash

```
mlflow server \
  --backend-store-uri <DATABASE_URI> \
  --default-artifact-root <STORAGE_URI> \
  --host 0.0.0.0 \
  --port 5000
```

O servidor provê uma interface REST completa e uma interface web interativa acessível via navegador. Ele pode ser protegido com autenticação via proxy reverso (como NGINX) ou integrado a serviços de autenticação da infraestrutura da empresa.

A execução pode ser realizada em segundo plano utilizando nohup, tmux, systemd ou qualquer orquestrador de serviços, garantindo disponibilidade contínua.

### Instalação com Conda e virtualenv

É altamente recomendável que o MLflow seja instalado dentro de ambientes virtuais isolados. Isso evita conflitos com bibliotecas do sistema e permite manter versões específicas de dependências.

- Conda:

bash
```
conda create -n mlflow-env python=3.10
conda activate mlflow-env
pip install mlflow
```

- Virtualenv:

bash
```
python -m venv mlflow-env
source mlflow-env/bin/activate
pip install mlflow
```

Ambientes virtuais devem ser replicáveis. Para isso, sempre exporte os requisitos com pip freeze > requirements.txt ou conda env export > environment.yml, salvando esses arquivos no repositório do projeto.

### Instalando com suporte a modelos específicos

Se o projeto utiliza bibliotecas específicas como Scikit-learn, PyTorch, TensorFlow ou XGBoost, é preciso garantir que o ambiente do MLflow possua essas bibliotecas ativas, pois o salvamento e o carregamento dos modelos depende dos flavors correspondentes.

- Para Scikit-learn:

bash

```
pip install scikit-learn
```

- Para PyTorch:

bash

```
pip install torch
```

Ao salvar um modelo com mlflow.sklearn.log_model() ou mlflow.pytorch.log_model(), o **MLflow** cria um diretório com estrutura padronizada, contendo a serialização do modelo, as dependências, o código de predição e os arquivos de suporte.

### Persistência remota: vantagens e cuidados

Trabalhar com backend e artifact stores remotos exige cuidados com credenciais, latência e políticas de segurança. Nunca inclua usuários e senhas diretamente no código. Utilize variáveis de ambiente, arquivos .env ou sistemas de gerenciamento de segredos como AWS Secrets Manager, Azure Key Vault ou HashiCorp Vault.

Garanta também que os buckets ou diretórios remotos tenham controle de versão ativado, criptografia em repouso e políticas de acesso minimamente restritivas. O rastreamento de experimentos é um ativo estratégico da empresa e deve ser protegido como tal.

### Integração com notebooks

O MLflow pode ser utilizado diretamente dentro de notebooks Jupyter ou Google Colab. Basta importar os módulos e registrar os experimentos com comandos simples:

python

```
import mlflow

mlflow.set_tracking_uri("http://meu-servidor:5000")
mlflow.set_experiment("experimento_classificacao")

with mlflow.start_run():
    mlflow.log_param("max_depth", 5)
    mlflow.log_metric("accuracy", 0.92)
    mlflow.sklearn.log_model(modelo_treinado,
"modelo_classificador")
```

Ao final da execução, o experimento estará disponível na interface web do servidor, com todos os dados registrados.

### Resolução de Erros Comuns

Erro: "Connection refused when setting tracking URI"
Causa provável: Servidor MLflow inativo ou bloqueado na rede.
Solução recomendada: Verificar se o serviço está ativo e se o host/porta estão acessíveis. Testar com curl ou telnet.

Erro: "Permission denied writing to artifact location"
Causa provável: Falta de permissões de gravação no bucket ou diretório remoto.
Solução recomendada: Verificar políticas de IAM, chaves de acesso e permissões de pasta.

Erro: "mlflow.exceptions.RestException: RESOURCE_ALREADY_EXISTS"
Causa provável: Tentativa de criar um experimento com nome já existente.
Solução recomendada: Usar mlflow.get_experiment_by_name()

antes de criar novo experimento.

Erro: "Cannot import mlflow" após ativar o ambiente
Causa provável: Ambiente virtual não ativado corretamente.
Solução recomendada: Reativar o ambiente com conda activate
ou source e reinstalar o pacote.

Erro: "No module named psycopg2" ao usar PostgreSQL
Causa provável: Dependência do driver não instalada.
Solução recomendada: Executar pip install psycopg2-binary no
ambiente ativo.

## Boas Práticas

- Criar um repositório separado para configuração do MLflow, contendo scripts de instalação, arquivos de ambiente e documentação de uso.

- Utilizar .env ou .bashrc para carregar automaticamente as variáveis MLFLOW_TRACKING_URI e MLFLOW_ARTIFACT_ROOT.

- Proteger o acesso ao servidor MLflow com autenticação e restrição de IP, especialmente em ambientes de nuvem.

- Monitorar o uso do storage remoto e realizar limpezas periódicas de artefatos obsoletos.

- Centralizar logs em ferramentas de observabilidade (como ELK, Grafana, Datadog) para rastrear falhas e desempenho.

## Resumo Estratégico

A configuração adequada do ambiente MLflow não é um passo secundário — é o fundamento sobre o qual toda a engenharia de experimentos será construída. Um ambiente sólido garante rastreabilidade, colaboração segura, escalabilidade de operações e redução de erros operacionais. Saber instalar, isolar, proteger e conectar os componentes do MLflow define a diferença entre uma ferramenta funcional e uma plataforma de engenharia profissional. Com uma base bem configurada, cada experimento futuro será mais confiável, cada modelo será mais acessível e cada decisão terá um lastro técnico verificável.

# CAPÍTULO 5. TRACKING DE EXPERIMENTOS

Rastrear experimentos de Machine Learning não é uma atividade acessória. É o centro da maturidade operacional em projetos de ciência de dados. Quando times não documentam parâmetros, métricas e artefatos de maneira sistemática, a consequência é direta: modelos não podem ser reproduzidos, melhorias são feitas às cegas e resultados superiores acabam esquecidos ou perdidos. O tracking de experimentos é o mecanismo que organiza, padroniza e historiza todo o processo de aprendizado de máquina. Com o MLflow, essa rastreabilidade é elevada a um nível profissional, com interfaces acessíveis, registro completo e integração direta com os fluxos de desenvolvimento.

O tracking permite que cada execução de um pipeline seja registrada como um bloco completo de informações: quais parâmetros foram usados, quais métricas foram obtidas, que modelo foi salvo, quais arquivos foram gerados e qual foi o código associado. Essa estrutura cria uma trilha auditável e comparável. Sem tracking, não há controle sobre a evolução técnica, nem base objetiva para tomar decisões sobre qual modelo implantar ou por que uma versão superou outra.

O módulo MLflow Tracking é composto por três blocos principais: experimentos, execuções (runs) e artefatos. Cada experimento agrupa execuções relacionadas a um mesmo objetivo. Cada execução representa uma tentativa de treinamento com parâmetros específicos. Os artefatos são os objetos associados ao processo — arquivos de logs, gráficos, datasets amostrados, modelos salvos e tudo mais que seja relevante para compreender ou reutilizar aquela run.

Configurar o tracking é simples. Basta apontar a URI do servidor MLflow (local ou remoto) e iniciar um experimento. A partir daí, cada execução pode ser iniciada, registrada e encerrada de forma explícita. A interface web exibe os resultados de maneira comparativa, permitindo análise visual, filtragem por parâmetros e até exportação dos dados.

python

```python
import mlflow


mlflow.set_tracking_uri("http://meu-servidor:5000")
mlflow.set_experiment("classificacao_credito")


with mlflow.start_run():
    mlflow.log_param("max_depth", 4)
    mlflow.log_param("learning_rate", 0.1)
    mlflow.log_metric("accuracy", 0.85)
    mlflow.sklearn.log_model(modelo, "modelo_credito")
```

O código registra todos os dados relacionados à execução: parâmetros como max_depth, métrica de acurácia e o modelo treinado. Todos esses dados ficam disponíveis na interface gráfica para comparação.

A separação entre parâmetros e métricas é fundamental. Parâmetros são entradas controladas — valores de hiperparâmetros, escolhas de algoritmo, tamanhos de batch, métodos de imputação. Métricas são resultados medidos — acurácia, F1-score, tempo de treino, AUC, etc. A distinção ajuda a organizar o raciocínio experimental, separando decisões de entrada dos impactos observados na saída.

O MLflow também permite o uso de tags, que funcionam como metadados adicionais. São úteis para classificar execuções por autor, data de referência, branch de código ou qualquer outro critério relevante para o time.

O uso do tracking pode ser manual (com chamadas explícitas às funções de log) ou automático, por meio da função mlflow.autolog(). Essa função detecta o framework em uso (como Scikit-learn, TensorFlow ou XGBoost) e registra automaticamente parâmetros, métricas e modelos com base nos objetos do pipeline.

python

```
import mlflow.sklearn

mlflow.sklearn.autolog()
```

Com autolog, não é necessário escrever comandos de logging linha por linha. A execução é rastreada em segundo plano, e os dados são organizados de maneira padronizada.

Além de parâmetros e métricas, é possível registrar artefatos, que são arquivos físicos. Isso inclui gráficos de validação, arquivos CSV com previsões, amostras de dados de entrada ou qualquer outra saída relevante. Eles são salvos com a função mlflow.log_artifact().

python

```
mlflow.log_artifact("grafico_distribuicao.png")
```

Tais arquivos ficam associados à run e podem ser baixados pela interface web, inspecionados por outros membros do time ou utilizados em análises posteriores. A capacidade de guardar artefatos torna o MLflow uma espécie de repositório técnico dinâmico.

Outra função importante é o mlflow.log_dict(), que permite salvar objetos Python como dicionários JSON. Útil para registrar configurações complexas, mapas de classes, relatórios ou resultados estruturados.

python

```
metricas_avancadas = {"precision": 0.88, "recall": 0.81, "f1": 0.845}

mlflow.log_dict(metricas_avancadas, "relatorio_metricas.json")
```

A visualização dos experimentos pode ser feita pela interface web acessando o endereço do servidor MLflow. Cada experimento aparece como um agrupamento de execuções, que podem ser filtradas por parâmetros, ordenadas por métricas ou inspecionadas individualmente. A interface exibe gráficos interativos de comparação entre runs, facilitando a escolha do melhor modelo com base em múltiplos critérios.

Além da interface web, o tracking pode ser acessado programaticamente via API REST ou com a biblioteca mlflow.tracking. Isso permite criar dashboards customizados, extrair relatórios automáticos ou alimentar sistemas internos com os dados dos experimentos.

python

```
from mlflow.tracking import MlflowClient


client = MlflowClient()
runs = client.search_runs(experiment_ids=["1"],
order_by=["metrics.f1 DESC"])
```

O comando retorna as execuções do experimento com ID 1, ordenadas pela métrica F1. Essa funcionalidade é poderosa em pipelines automatizadas, onde o melhor modelo pode ser selecionado e implantado de forma programática com base em métricas atualizadas.

### Resolução de Erros Comuns

Erro: "Active run already exists"
Causa provável: Tentativa de iniciar uma run dentro de outra run sem encerramento adequado.
Solução recomendada: Garantir que mlflow.end_run() seja chamado após cada start_run(), especialmente em loops ou funções aninhadas.

Erro: "Failed to log param: duplicate key"
Causa provável: Tentativa de registrar um parâmetro com o mesmo nome duas vezes.
Solução recomendada: Verificar o código e padronizar nomes de parâmetros para evitar duplicidade.

Erro: "Logging artifact failed: file not found"
Causa provável: Caminho do arquivo incorreto ou arquivo não gerado antes da chamada.
Solução recomendada: Validar a existência do arquivo no sistema local antes de logar como artefato.

Erro: "Experiment with name already exists"
Causa provável: Criação repetida de experimento com nome já registrado.
Solução recomendada: Usar mlflow.set_experiment() em vez de create_experiment() para evitar conflitos.

Erro: "Tracking URI not set"
Causa provável: MLflow não sabe para onde enviar os dados.
Solução recomendada: Definir MLFLOW_TRACKING_URI como variável de ambiente ou usar mlflow.set_tracking_uri() no

código.

## Boas Práticas

- Iniciar cada execução com start_run() e sempre finalizar com end_run(), mesmo em notebooks ou pipelines automáticas.

- Utilizar nomes de parâmetros descritivos e padronizados para facilitar a comparação entre execuções.

- Registrar todas as métricas relevantes, não apenas a principal. Isso permite análises mais completas e rastreamento de efeitos colaterais de ajustes.

- Salvar modelos, relatórios e gráficos como artefatos. Isso transforma cada execução em um objeto completo e autoexplicativo.

- Utilizar autolog() quando possível, mas complementar manualmente com registros adicionais que o autolog não captura (como artefatos customizados).

## Resumo Estratégico

O tracking de experimentos é o alicerce técnico que transforma ciência de dados em engenharia aplicada. Com ele, cada tentativa é documentada, cada parâmetro é comparável e cada modelo é justificável. O MLflow Tracking oferece uma estrutura simples e poderosa para garantir esse controle, com flexibilidade para uso individual ou em times, local ou em nuvem, manual ou automatizado. Dominar o tracking é o primeiro passo para criar pipelines auditáveis, escaláveis e colaborativos, onde decisões são tomadas com base em evidência técnica concreta e não em tentativas vagas. É aqui que começa a engenharia confiável de Machine Learning — registrando, analisando e aprendendo com cada experimento.

# CAPÍTULO 6. MANIPULAÇÃO DE ARTEFATOS E RECURSOS

Toda execução de Machine Learning gera um conjunto de evidências técnicas que precisam ser armazenadas, organizadas e recuperadas com precisão. Modelos treinados, relatórios de métricas, gráficos, amostras de dados, arquivos de log e scripts intermediários são peças fundamentais para garantir a reprodutibilidade e a evolução técnica de um projeto. Esses objetos são chamados de artefatos. O gerenciamento correto dos artefatos permite que times auditem, versionem, compartilhem e reaproveitem resultados com segurança e velocidade. O MLflow trata a manipulação de artefatos como uma função nativa e integrada ao seu ecossistema de tracking, registrando tudo o que uma execução produz de forma acessível e estruturada.

Os artefatos podem assumir diferentes formatos e finalidades. Alguns são gerados automaticamente pelo pipeline — como modelos salvos, arquivos de validação, checkpoints —, enquanto outros são criados como parte de análises complementares ou documentação do experimento. Independentemente da origem, todo artefato deve ser registrado e associado à execução correspondente, criando uma trilha completa da lógica que levou ao resultado final.

O MLflow fornece múltiplas funções para registrar, acessar e recuperar artefatos. A mais direta é mlflow.log_artifact(), que salva qualquer arquivo no contexto da run ativa. Pode ser usado para arquivos individuais ou diretórios completos.

python

```
import mlflow

mlflow.log_artifact("relatorio_avaliacao.pdf")
```

Ao rodar esse comando dentro de um bloco de execução, o arquivo relatorio_avaliacao.pdf será salvo no repositório de artefatos associado à run corrente. Ele poderá ser baixado, visualizado e reutilizado a qualquer momento.

Também é possível salvar diretórios inteiros com a função log_artifacts():

python

```
mlflow.log_artifacts("outputs/")
```

Assim, permite-se armazenar conjuntos completos de arquivos relacionados, como gráficos gerados durante o treino, arquivos CSV com amostras de predição ou scripts de transformação aplicados aos dados.

Além dos arquivos físicos, o MLflow também suporta o salvamento de objetos estruturados, como dicionários, listas e objetos JSON. A função mlflow.log_dict() converte automaticamente a estrutura em um arquivo .json e a armazena como artefato.

python

```
resultados = {
    "precision": 0.84,
    "recall": 0.79,
    "f1": 0.81
}
```

```
mlflow.log_dict(resultados, "metricas_avancadas.json")
```

Esse tipo de registro é extremamente útil para capturar resultados compostos, configurações de execução, mapeamentos de classes, pesos de features ou qualquer outro dado que tenha estrutura hierárquica.

Outro recurso disponível é mlflow.log_text(), ideal para salvar strings como logs customizados, notas de experimentação, alertas ou mensagens de validação técnica.

python

```
mlflow.log_text("Modelo treinado com dataset balanceado",
"anotacoes.txt")
```

Todos esses artefatos ficam armazenados no diretório definido pelo --default-artifact-root, que pode ser local ou remoto. Em ambientes profissionais, recomenda-se configurar buckets em serviços como Amazon S3, Azure Blob ou GCS, garantindo redundância, controle de acesso e escalabilidade.

Os artefatos podem ser acessados posteriormente pela interface gráfica do MLflow, via URL direta, download manual ou por código utilizando a API do MLflow Client:

python

```
from mlflow.tracking import MlflowClient

client = MlflowClient()
run_id = "b349fa98d56c4760b716932157"
client.download_artifacts(run_id, "relatorio_avaliacao.pdf",
dst_path="./")
```

A integração permite automatizar a recuperação de artefatos em scripts de validação, relatórios finais, notebooks de auditoria ou sistemas internos de monitoramento. É possível também utilizar os caminhos de artefato para integração com ferramentas externas, como dashboards, repositórios de evidências, controle de versões ou backups.

Além dos artefatos explícitos, o MLflow também registra artefatos implícitos ao salvar modelos com mlflow.log_model(). Cada modelo salvo gera um diretório contendo:

- Arquivo de serialização (pickle, h5, etc.)

- Arquivo MLmodel, com metadados do modelo

- Arquivo conda.yaml com as dependências do ambiente

- Código de predição (no formato PyFunc ou flavor específico)

- Qualquer subartefato usado na construção do modelo

O pacote completo garante que o modelo possa ser reimportado, reexecutado e reaproveitado de forma idêntica ao contexto original. Também permite exportar para APIs REST, contêineres, sistemas externos ou pipelines automatizadas de produção.

Para salvar múltiplos modelos em uma única execução, basta nomear cada um de forma distinta:

python

```
mlflow.sklearn.log_model(model1, "modelo_logistico")
mlflow.sklearn.log_model(model2, "modelo_random_forest")
```

Cada diretório de modelo será versionado e referenciado separadamente, facilitando comparações e testes A/B posteriores.

## Resolução de Erros Comuns

Erro: "FileNotFoundError: file does not exist"
Causa provável: Tentativa de logar um arquivo que ainda não foi criado ou foi salvo em diretório incorreto.
Solução recomendada: Garantir que o arquivo exista antes de chamar log_artifact(), utilizando os.path.exists() como verificação prévia.

Erro: "Permission denied writing to artifact store"
Causa provável: Acesso restrito ao bucket remoto ou caminho inválido.
Solução recomendada: Verificar permissões no S3/Blob e validar variáveis de autenticação ou políticas de IAM.

Erro: "Artifact path too long"
Causa provável: Nomes de arquivos ou subdiretórios muito extensos.
Solução recomendada: Usar nomes curtos e padronizados, evitando encadeamento excessivo de pastas.

Erro: "Invalid artifact type"
Causa provável: Tentativa de salvar objeto não suportado diretamente (como objetos pandas sem serialização).
Solução recomendada: Converter para formato apropriado como CSV, JSON ou Pickle antes de salvar.

Erro: "Overwriting existing artifact"
Causa provável: Registro repetido com mesmo nome e caminho.
Solução recomendada: Incluir timestamp ou UUID nos nomes dos arquivos para garantir unicidade.

## Boas Práticas

- Salvar todos os arquivos relevantes produzidos por uma execução, mesmo que não sejam utilizados diretamente no modelo final.

- Organizar artefatos em diretórios por categoria (gráficos, logs, resultados, modelos) para facilitar navegação futura.

- Incluir identificadores únicos nos nomes dos artefatos para evitar colisões e facilitar rastreamento cruzado.

- Automatizar a geração de arquivos como relatórios, tabelas, imagens e salvar todos como artefatos ao final da execução.

- Validar o sucesso da operação de logging e capturar exceções para evitar perda de dados em pipelines automatizadas.

## Resumo Estratégico

A proficiência da manipulação de artefatos transforma o MLflow em muito mais do que um rastreador de métricas. Passa a ser um repositório técnico de inteligência, um cofre de evidências que documenta cada passo da engenharia de Machine Learning. Artefatos são a ponte entre a execução e a memória técnica de um projeto — eles viabilizam reuso, garantem auditoria, aceleram onboarding de novos membros e blindam o time contra a perda de conhecimento. Aprender a registrar, organizar e recuperar artefatos com eficiência é uma habilidade estratégica.

# CAPÍTULO 7. INTRODUÇÃO A MLPROJECTS

À medida que projetos de Machine Learning evoluem, tornam-se mais complexos e passam a depender de múltiplas bibliotecas, ambientes de execução específicos, parâmetros variáveis e estruturas de dados que precisam ser tratadas com precisão. Reproduzir o mesmo experimento em máquinas diferentes, com configurações distintas, geralmente leva a erros difíceis de diagnosticar. É comum que um código funcione perfeitamente na máquina do autor, mas falhe em servidores de produção, ambientes colaborativos ou pipelines automatizadas. O módulo MLflow Projects foi criado para resolver exatamente esse problema: padronizar a forma como projetos de Machine Learning são empacotados, executados e reproduzidos, independentemente do ambiente.

MLflow Projects define uma convenção simples, mas poderosa. Ele especifica como um projeto deve ser estruturado, qual ambiente ele requer, quais parâmetros estão disponíveis e qual comando principal deve ser executado. Com isso, qualquer pessoa com MLflow instalado pode rodar um projeto com um único comando, mesmo que nunca tenha visto o código antes.

A estrutura básica de um projeto MLflow é composta por dois elementos principais:

- Um diretório com os arquivos do projeto

- Um arquivo chamado MLproject que atua como manifesto do projeto

O manifesto é escrito em YAML e contém metadados essenciais. A principal função do arquivo é garantir reprodutibilidade, declarando explicitamente tudo que o projeto precisa para rodar corretamente.

Um arquivo MLproject típico segue esta estrutura:

yaml

```
name: classificacao_credito


conda_env: conda.yaml


entry_points:
  main:
    parameters:
      learning_rate: {type: float, default: 0.01}
      max_depth: {type: int, default: 5}
    command: >
      python treino.py --learning_rate {learning_rate} --max_depth {max_depth}
```

- name define o nome do projeto

- conda_env especifica o ambiente Conda que será usado

- entry_points define os pontos de entrada, ou seja, comandos executáveis parametrizados

Com essa estrutura, executar o projeto em qualquer máquina

fica tão simples quanto rodar:

bash

mlflow run https://github.com/usuario/projeto-mlflow -P
learning_rate=0.1 -P max_depth=7

O MLflow irá:

- Clonar o repositório

- Criar (ou ativar) o ambiente Conda definido em
  conda.yaml

- Substituir os parâmetros no comando

- Executar o script principal com as configurações
  informadas

A padronização reduz drasticamente os erros por dependências
ausentes, versões conflitantes ou parâmetros mal passados.
Ela também facilita a integração com pipelines de automação,
sistemas de CI/CD, validações contínuas e orquestração com
ferramentas como Airflow ou Kubeflow.

A definição do ambiente é outro pilar importante. O
MLflow Projects permite duas formas principais de especificar
ambientes:

- conda_env – para projetos baseados em Python, com
  suporte a Conda

- docker_env – para projetos que rodam em contêineres
  Docker

Quando se usa conda_env, é necessário fornecer um arquivo
conda.yaml contendo todas as bibliotecas necessárias ao projeto:

yaml

```yaml
name: classificacao_credito_env
channels:
  - defaults
dependencies:
  - python=3.10
  - scikit-learn
  - pandas
  - matplotlib
  - pip:
    - mlflow
```

O MLflow se encarrega de criar o ambiente com base nesse arquivo antes da execução. Isso garante que todos os experimentos rodem com as mesmas bibliotecas, evitando resultados inconsistentes causados por diferenças de versão ou pacotes não documentados.

Quando se usa docker_env, o manifesto inclui a definição da imagem Docker que será utilizada:

yaml

```yaml
docker_env:
  image: usuario/mlflow-base:latest
```

O formato descrito é útil em ambientes de produção ou clusters, onde contêineres garantem isolamento total e consistência de execução.

Os entry points definidos em MLproject podem conter múltiplos comandos, permitindo que um mesmo projeto tenha diferentes rotinas, como treinamento, validação, análise exploratória, deploy, entre outros. É possível rodar cada uma separadamente:

bash

```
mlflow run . -e analise_exploratoria
```

Além disso, o MLflow Projects suporta execução remota. É possível rodar um projeto localmente, em uma máquina remota via SSH ou até em um cluster. Basta configurar o executor apropriado e passar os argumentos necessários. Isso torna possível escalar execuções em paralelo, distribuir tarefas e orquestrar fluxos complexos com simplicidade.

Outro ponto relevante é que os parâmetros passados na linha de comando ou no script são automaticamente registrados no tracking, o que reforça a rastreabilidade do experimento. Cada execução será documentada com os parâmetros exatos utilizados, vinculados ao código e ao ambiente.

### Resolução de Erros Comuns

Erro: "MLproject file not found"
Causa provável: Diretório do projeto não contém o manifesto obrigatório.
Solução recomendada: Criar um arquivo MLproject na raiz do projeto, seguindo a sintaxe correta do YAML.

Erro: "Unknown parameter" ao executar o projeto
Causa provável: Parâmetro passado via -P não está definido no entry_point correspondente.
Solução recomendada: Verificar a seção parameters do arquivo MLproject e garantir que todos os nomes estejam sincronizados.

Erro: "Conda environment build failed"
Causa provável: Arquivo conda.yaml com sintaxe incorreta ou dependências incompatíveis.
Solução recomendada: Validar o arquivo manualmente

executando conda env create -f conda.yaml antes da execução com MLflow.

Erro: "Entry point not found"
Causa provável: Tentativa de execução com nome incorreto de entry point.
Solução recomendada: Verificar os nomes definidos na seção entry_points do manifesto e utilizar exatamente como está declarado.

Erro: "Permission denied when executing script"
Causa provável: Arquivo de script sem permissão de execução.
Solução recomendada: Usar chmod +x no script principal ou garantir que o interpretador (python) esteja corretamente especificado no comando.

## Boas Práticas

- Utilizar sempre arquivos MLproject mesmo em projetos pequenos. Isso disciplina o time e prepara o código para escalar ou integrar com pipelines mais complexos.

- Nomear os entry points com clareza, representando tarefas reais do projeto (train, evaluate, serve).

- Documentar os parâmetros no manifesto com tipos e valores padrão para facilitar a execução e reduzir erros.

- Incluir validações no script principal para garantir que os parâmetros passados estejam no intervalo esperado.

- Usar ambientes Conda congelados com versões específicas de cada biblioteca, evitando quebra de compatibilidade entre execuções.

## Resumo Estratégico

A introdução ao MLflow Projects representa um ponto de virada na forma como projetos de Machine Learning são estruturados e executados. Com uma convenção simples baseada em arquivos YAML, ele transforma experimentos isolados em fluxos reprodutíveis, auditáveis e escaláveis. O manifesto MLproject atua como um contrato técnico que padroniza ambientes, define parâmetros e organiza execuções. Isso reduz a dependência de instruções manuais, elimina ambiguidade entre membros do time e permite que os projetos evoluam com segurança e rastreabilidade. Dominar o uso do MLflow Projects é garantir que cada pipeline seja portável, controlável e pronto para rodar em qualquer lugar, a qualquer momento. É a base da engenharia de experimentação moderna.

# CAPÍTULO 8. MLFLOW MODELS

Modelos de Machine Learning não são apenas produtos finais de uma série de experimentos, mas ativos que devem ser versionados, reutilizados, implantados e auditados ao longo do tempo. A forma como esses modelos são salvos, carregados e transferidos entre ambientes impacta diretamente a confiabilidade do ciclo de vida de uma solução. O módulo MLflow Models foi criado para padronizar essa manipulação, permitindo que modelos treinados sejam empacotados de forma consistente, com todas as informações necessárias para reutilização futura, deploy em produção ou integração com sistemas externos.

O conceito de modelo no MLflow não se limita ao objeto serializado. Cada modelo registrado inclui metadados, código de predição, ambiente de execução e suporte a múltiplos formatos. A estrutura modular torna os modelos portáveis entre linguagens, ferramentas e infraestruturas, sem necessidade de retrabalho ou ajustes manuais.

A base técnica dessa abordagem é o diretório de modelo gerado a cada log_model(). Ao salvar um modelo com MLflow, um novo diretório é criado com a seguinte estrutura:

- Diretório raiz com o nome do modelo

- Arquivo MLmodel com a especificação do flavor e comandos de entrada

- Arquivo conda.yaml com as dependências do ambiente

- Arquivo de serialização (como model.pkl, model.h5, etc.)

- Subdiretórios adicionais dependendo do tipo de modelo ou artefato incluído

O arquivo MLmodel é o componente central dessa estrutura. Ele descreve o flavor (ou sabores) do modelo, ou seja, os frameworks com os quais ele é compatível, além de apontar para o caminho do arquivo e o método de predição.

yaml

```yaml
flavors:
  python_function:
    loader_module: mlflow.sklearn
    data: model.pkl
    env: conda.yaml
  sklearn:
    pickled_model: model.pkl
    sklearn_version: 1.1.3
```

A presença de múltiplos flavors permite que o mesmo modelo seja usado por diferentes sistemas. A flavor python_function é uma interface genérica compatível com a API REST do MLflow, enquanto flavors como sklearn, pytorch, xgboost ou keras indicam compatibilidade nativa com esses frameworks.

Salvar um modelo com MLflow é simples e pode ser feito com poucas linhas de código. Para um modelo treinado com Scikit-learn, o processo segue este padrão:

python

```python
import mlflow.sklearn
```

```
mlflow.sklearn.log_model(modelo, "modelo_credito")
```

O comando registra o modelo atual, salvando a estrutura completa, incluindo o arquivo .pkl, a definição do ambiente e os metadados. O diretório modelo_credito será criado no artifact store associado à run.

Para carregar o modelo posteriormente, seja em outro script, pipeline ou sistema de produção, o processo é igualmente direto:

python

```
modelo_carregado = mlflow.sklearn.load_model("runs:/
<run_id>/modelo_credito")
```

Já esse comando busca o modelo registrado em uma execução anterior e carrega o objeto Python correspondente, pronto para ser usado com novos dados.

Quando se utiliza a flavor python_function, é possível carregar o modelo de forma agnóstica ao framework original:

python

```
from mlflow.pyfunc import load_model


modelo_generico = load_model("runs:/<run_id>/
modelo_credito")
predicoes = modelo_generico.predict(dados_novos)
```

Isso se faz útil quando se deseja encapsular a lógica de predição sem expor os detalhes do framework subjacente. Também é o formato exigido para servir o modelo como uma API REST com o comando mlflow models serve.

bash

```
mlflow models serve -m runs:/<run_id>/modelo_credito -p
1234
```

O comando inicia um servidor local que expõe uma rota HTTP para fazer previsões. Basta enviar um JSON com os dados para obter a resposta diretamente.

Além de salvar e carregar modelos localmente, o MLflow permite registrar modelos em um repositório central usando o Model Registry. Para isso, basta usar o mlflow.register_model():

python

```
from mlflow.register_model import register_model


register_model("runs:/<run_id>/modelo_credito",
"ClassificadorCredito")
```

Já, o trecho acima, adiciona o modelo ao registry, iniciando o controle de versões e permitindo transições entre estágios como Staging, Production e Archived. Essa estrutura facilita o gerenciamento de múltiplas versões, aprovações e rollback.

Modelos registrados podem ser referenciados com URIs como models:/ClassificadorCredito/Production, o que simplifica scripts de produção que precisam sempre da versão mais recente aprovada.

O MLflow Models também suporta exportação para formatos como ONNX, SparkML e TensorFlow SavedModel. Isso amplia as possibilidades de deploy e integração, especialmente em pipelines industriais, aplicações embarcadas ou serviços baseados em GPU.

Cada flavor possui métodos específicos para logar e carregar o modelo, sempre respeitando a estrutura de metadados definida pelo MLflow. Alguns exemplos:

- mlflow.xgboost.log_model()

- mlflow.pytorch.log_model()

- mlflow.keras.log_model()

- mlflow.sklearn.log_model()

A variedade permite que o MLflow funcione como uma camada unificadora sobre múltiplos frameworks, simplificando o controle de modelos mesmo em equipes que utilizam abordagens distintas.

### Resolução de Erros Comuns

Erro: "ModuleNotFoundError when loading model"
Causa provável: Ambiente de execução não contém todas as dependências do modelo.
Solução recomendada: Carregar o modelo em ambiente que utilize o mesmo conda.yaml gerado durante o log_model(), ou recriar o ambiente com mlflow models prepare-env.

Erro: "Model flavor not found"
Causa provável: Modelo salvo com flavor específico e tentativa de carregamento com função genérica.
Solução recomendada: Usar a função de load correspondente ao flavor utilizado no momento do log_model().

Erro: "ValueError: Model URI is not valid"
Causa provável: URI de modelo mal formatada ou incorreta.
Solução recomendada: Utilizar runs:/<run_id>/<path> para modelos não registrados ou models:/<name>/<stage> para modelos registrados no registry.

Erro: "Incompatible model version" ao fazer deploy
Causa provável: Diferença de versão entre o MLflow que salvou o modelo e o que está executando a predição.
Solução recomendada: Atualizar a instalação do MLflow para garantir compatibilidade com o modelo registrado.

Erro: "Permission denied when saving model"
Causa provável: Falta de permissão de escrita no artifact store.
Solução recomendada: Verificar variáveis de autenticação, políticas de IAM ou permissões do diretório local configurado como root.

## Boas Práticas

- Salvar todos os modelos com nomes consistentes e descritivos, evitando duplicidade de nomes e facilitando buscas no registry.

- Utilizar múltiplos flavors sempre que possível, garantindo que o modelo seja reutilizável em diferentes contextos.

- Registrar os modelos mais relevantes no Model Registry e aplicar versionamento formal com estágios definidos.

- Documentar a finalidade do modelo, o dataset utilizado e a métrica principal dentro dos metadados e como artefato adicional.

- Criar ambientes específicos para carregar os modelos, usando o arquivo conda.yaml gerado automaticamente durante o log_model().

- Usar deploy local com mlflow models serve apenas para testes e validações pontuais; preferir orquestração com ferramentas de produção para casos reais.

## Resumo Estratégico

O módulo MLflow Models redefine a forma como modelos de Machine Learning são tratados dentro do ciclo de vida de um projeto. Ao padronizar a estrutura de salvamento, empacotamento e recuperação, ele transforma um artefato técnico em um produto operacional, pronto para ser reutilizado, validado e implantado com segurança. A combinação de flavors, versionamento, registro centralizado e compatibilidade com múltiplos formatos confere ao time de engenharia uma base sólida para operar em escala, com governança e flexibilidade.

# CAPÍTULO 9. REGISTRY DE MODELOS

A implantação de modelos de Machine Learning em ambientes reais exige muito mais do que um bom desempenho estatístico. É necessário estabelecer processos claros de versionamento, rastreamento e governança que garantam confiabilidade, segurança e capacidade de auditoria. Sem esses mecanismos, o risco de inconsistência entre versões, regressão silenciosa de performance e falhas operacionais aumenta consideravelmente. O Model Registry do MLflow foi desenvolvido para resolver esses desafios, oferecendo uma estrutura centralizada de gerenciamento de modelos, com suporte a múltiplas versões, estágios formais e fluxo de aprovação técnico.

O Model Registry atua como uma camada de controle e organização sobre os modelos salvos com o log_model(). Em vez de lidar diretamente com diretórios de artefatos dispersos, o Registry permite registrar os modelos em um repositório central com nome único, versionamento incremental e informações contextuais. Isso transforma o modelo de um simples arquivo serializado em um objeto técnico com identidade, histórico e estado de implantação.

Cada modelo registrado no MLflow Registry recebe um nome único e pode conter múltiplas versões numeradas. Cada versão pode ser atribuída a um dos seguintes estágios:

- None – modelo recém-registrado, ainda sem revisão formal.

- Staging – versão em validação, em ambiente de testes ou pré-produção.

- Production – versão ativa, atualmente implantada em produção.

- Archived – versões antigas ou descontinuadas, mantidas para histórico ou auditoria.

Os estágios funcionam como rótulos funcionais e permitem a automação de processos, como deploys automáticos, testes de regressão, rollback e aprovação de modelos por revisão técnica.

Registrar um modelo no Registry é simples. Após logar o modelo com log_model(), basta usar mlflow.register_model() para vinculá-lo ao repositório central:

python

```
from mlflow.register_model import register_model


modelo_uri = "runs:/<run_id>/modelo_credito"
registro = register_model(modelo_uri, "ClassificadorCredito")
```

Esse script cria um novo modelo com o nome ClassificadorCredito e registra a versão atual com número 1. Cada novo registro com o mesmo nome incrementará automaticamente a versão.

As versões do modelo podem ser consultadas e gerenciadas pela interface gráfica do MLflow, pela API REST ou por meio da biblioteca MlflowClient. Cada versão registrada contém metadados como:

- Identificador da run que originou o modelo

- Usuário que fez o registro

- Timestamp do registro

- Stage atual

- Comentários técnicos

- Tags associadas

- Links diretos para os artefatos

A estrutura facilita a auditoria e o rastreamento da origem de cada modelo, garantindo que qualquer decisão algorítmica possa ser investigada tecnicamente em profundidade.

A promoção de versões entre estágios pode ser feita via interface ou código:

python

```python
from mlflow.tracking import MlflowClient


client = MlflowClient()
client.transition_model_version_stage(
    name="ClassificadorCredito",
    version=3,
    stage="Production",
    archive_existing_versions=True
)
```

Com este comando, promove-se a versão 3 para Production, e opcionalmente arquiva todas as versões anteriores. Esse controle é útil para garantir que apenas uma versão esteja ativa por vez, reduzindo o risco de deploys concorrentes ou inconsistências operacionais.

É possível também adicionar comentários técnicos em cada versão:

python

```
client.update_model_version(
    name="ClassificadorCredito",
    version=3,
    description="Modelo validado com dataset atualizado de março"
)
```

Os comentários ficam visíveis na interface web e podem ser utilizados como documentação viva, indicando os critérios de promoção, dataset utilizado, métricas validadas ou dependências específicas.

Outra funcionalidade importante é a listagem e busca de modelos registrados. Isso permite que sistemas externos ou pipelines automatizadas consultem o Registry em busca do modelo mais atualizado ou mais adequado para uma determinada tarefa.

python

```
versoes =
client.search_model_versions("name='ClassificadorCredito'")
for v in versoes:
    print(v.version, v.current_stage, v.run_id)
```

A consulta retorna todas as versões registradas de um

determinado modelo, seus estágios atuais e a run associada. Com isso, é possível automatizar decisões como "pegar a versão mais recente em Staging", "comparar métricas entre versões", "realizar rollback para a última versão válida", entre outras.

O Registry também suporta exclusão e arquivamento. Um modelo pode ser mantido para histórico, mesmo após sair de produção, garantindo que decisões passadas possam ser reconstituídas caso necessário. Em projetos sensíveis a compliance, isso representa um diferencial estratégico importante.

O uso do Registry é especialmente útil em ambientes colaborativos, onde cientistas de dados treinam modelos e engenheiros de MLOps fazem o deploy. Ele funciona como um ponto de transição formal entre as fases de desenvolvimento e produção, com controle técnico, versionamento auditável e rastreabilidade operacional.

Além da governança técnica, o Registry permite a padronização do consumo dos modelos. Uma vez registrado, o modelo pode ser carregado em qualquer lugar com uma URI padronizada:

python

```
modelo_producao = mlflow.pyfunc.load_model("models:/
ClassificadorCredito/Production")
```

A URI busca a versão atualmente ativa no estágio Production. Isso facilita a construção de pipelines de inferência, APIs, serviços e dashboards que sempre utilizam a versão aprovada mais recente, sem necessidade de atualizar manualmente a URI a cada nova versão.

Padronização também permite a construção de sistemas de validação contínua, onde um modelo novo é automaticamente promovido a Staging, validado em testes automatizados, e promovido a Production apenas se superar os critérios de aprovação. Esse fluxo se integra perfeitamente a sistemas de CI/CD e pipelines modernas de entrega contínua.

## Resolução de Erros Comuns

Erro: "Model name already exists"
Causa provável: Tentativa de registrar modelo com nome já utilizado.
Solução recomendada: Utilizar nomes únicos por modelo ou reaproveitar o nome existente para criar uma nova versão.

Erro: "Invalid stage transition"
Causa provável: Tentativa de mover um modelo diretamente de None para Production.
Solução recomendada: Promover o modelo primeiro para Staging, validar, e depois transicionar para Production.

Erro: "Run not found for model version"
Causa provável: A run associada ao modelo foi excluída ou não está mais acessível.
Solução recomendada: Manter as runs associadas enquanto houver versões ativas no Registry, e garantir backups.

Erro: "Permission denied to transition stage"
Causa provável: Restrições de acesso ao usuário atual.
Solução recomendada: Ajustar permissões no backend ou executar com credenciais apropriadas.

Erro: "Stage conflict: multiple versions in Production"
Causa provável: Promoção manual sem arquivamento automático de versões anteriores.
Solução recomendada: Habilitar o parâmetro `archive_existing_versions=True` ao promover uma nova versão.

## Boas Práticas

- Utilizar nomes consistentes e descritivos para os modelos registrados, refletindo sua função e escopo técnico.

- Documentar cada versão com comentários claros, métricas validadas, datasets utilizados e anotações relevantes.

- Criar políticas de promoção formais: por exemplo, exigir validação em Staging por script ou aprovação manual antes de ir para Production.

- Automatizar o processo de registro e transição de estágio como parte de um pipeline CI/CD completo.

- Manter apenas uma versão ativa por vez em Production, para garantir previsibilidade na entrega.

### Resumo Estratégico

O Model Registry do MLflow é a chave para transformar modelos treinados em produtos confiáveis, governáveis e rastreáveis. Ele oferece a estrutura necessária para que times possam controlar o ciclo de vida dos modelos com a mesma disciplina aplicada a sistemas de software. Ao permitir versionamento, promoção de estágio, documentação técnica e integração com pipelines, o Registry cria uma ponte sólida entre experimentação e produção. Ele viabiliza entregas consistentes, facilita rollback em caso de falha, garante reprodutibilidade em auditorias e organiza o portfólio de modelos de forma clara e sustentável.

# CAPÍTULO 10. INTEGRAÇÃO COM PIPELINES DE CI/CD

Machine Learning em produção não pode mais depender de execuções manuais, decisões subjetivas ou processos desconectados entre experimentação e entrega. Modelos precisam ser treinados, validados, aprovados e implantados com a mesma precisão e automação aplicadas no desenvolvimento de software. A integração com pipelines de CI/CD (Integração Contínua e Entrega Contínua) é o mecanismo que transforma modelos treinados em ativos replicáveis, versionáveis e confiáveis, com rastreamento completo e deploy automatizado. O MLflow fornece todos os blocos necessários para orquestrar esse ciclo, desde o tracking até o deploy controlado, permitindo que equipes desenvolvam com velocidade sem abrir mão da governança.

A lógica de CI/CD tradicional baseia-se em três princípios: automatizar, validar e entregar. Em projetos de software, isso significa rodar testes a cada commit, construir pacotes, verificar regressões e fazer deploy sem intervenção manual. Em Machine Learning, a lógica se mantém, mas aplicada ao ciclo de vida dos modelos. Cada mudança no código, nos dados ou nos hiperparâmetros deve disparar uma cadeia de eventos: treinar o modelo, avaliar seu desempenho, compará-lo com a versão atual e decidir se ele será promovido para produção.

O MLflow se encaixa naturalmente nesse fluxo. Seus componentes — Tracking, Projects, Models e Registry — foram desenhados para registrar execuções, padronizar ambientes, salvar modelos versionados e controlar transições entre estágios. Para integrá-lo a pipelines de CI/CD, é necessário conectar esses blocos a ferramentas como GitHub Actions, GitLab CI, Jenkins, Azure DevOps ou qualquer outro sistema de automação de workflows.

A estrutura de um pipeline de CI/CD com MLflow geralmente segue este fluxo:

- Detectar mudanças no repositório de código ou dados

- Criar ou ativar um ambiente isolado (Conda, Docker)

- Executar o projeto via mlflow run

- Registrar parâmetros, métricas e artefatos no MLflow Tracking

- Comparar resultados com versões anteriores

- Salvar e registrar o modelo com log_model() e register_model()

- Executar testes de validação automatizados

- Promover o modelo no Registry para Staging ou Production

- Implantar o modelo em endpoint REST, microserviço ou sistema externo

Esse fluxo pode ser implementado de forma modular, com scripts separados ou pipelines monolíticas, desde que siga o princípio da automação completa.

Ao utilizar mlflow run, é possível padronizar a execução do projeto de Machine Learning. Basta que o repositório contenha um arquivo MLproject com os parâmetros e o ambiente definido.

O CI/CD irá clonar o repositório, ler o manifesto e executar a tarefa com os parâmetros definidos no pipeline.

bash

```
mlflow run . -P learning_rate=0.01 -P n_estimators=100
```

Ao final, os resultados serão registrados automaticamente, com parâmetros, métricas e artefatos armazenados no backend configurado. Isso permite que cada execução do pipeline gere uma run auditável, com todas as informações rastreadas.

O modelo gerado pode ser salvo com mlflow.sklearn.log_model() ou qualquer flavor correspondente. Após salvar, o pipeline pode incluir um passo de validação técnica. Isso pode ser feito com testes personalizados, métricas mínimas esperadas ou scripts de validação de regressão.

Se o modelo passar nos critérios definidos, ele pode ser registrado e promovido no Registry com os comandos:

python

```
from mlflow.register_model import register_model
from mlflow.tracking import MlflowClient


registro = register_model("runs:/<run_id>/modelo_credito",
"ClassificadorCredito")
client = MlflowClient()
client.transition_model_version_stage("ClassificadorCredito",
version=registro.version, stage="Staging")
```

A automação desse processo garante que a promoção seja feita com base em critérios objetivos e registrados, eliminando subjetividade e aumentando a confiabilidade operacional.

Outro ponto importante na integração com CI/CD é a comparação automática com modelos anteriores. É possível buscar a última versão em Production, carregar suas métricas e comparar com os resultados atuais. Se o novo modelo superar o anterior em critérios técnicos, ele pode ser promovido automaticamente.

python

```python
prod_model = client.get_latest_versions("ClassificadorCredito",
stages=["Production"])[0]

if nova_acuracia > prod_model.accuracy:

    client.transition_model_version_stage("ClassificadorCredito
", version=registro.version, stage="Production",
archive_existing_versions=True)
```

Com este formato de lógica, permite-se implementar pipelines autônomas, que não apenas treinam, mas também tomam decisões técnicas baseadas em performance mensurável. Isso transforma o processo de entrega de modelos em um ciclo fechado e confiável.

Para integrar o deploy à automação, o MLflow oferece suporte nativo a endpoints REST por meio do comando mlflow models serve. É possível configurar o pipeline para que, após a promoção do modelo, o serviço seja reiniciado com a nova versão:

bash

```bash
mlflow models serve -m models:/ClassificadorCredito/
Production -p 5000 --no-conda
```

Inicia um servidor HTTP com o modelo ativo. Ele pode ser acoplado a um serviço Docker, Kubernetes ou qualquer outra solução de orquestração. O pipeline pode incluir scripts de health check, validação de resposta e escalonamento automático.

Outro modelo de deploy é via container Docker. O MLflow permite exportar o modelo com um servidor embutido:

bash

```
mlflow models build-docker -m models:/ClassificadorCredito/
Production -n mlflow-classificador:latest
```

O pipeline pode empacotar o modelo, construir a imagem Docker e subir para um repositório como Docker Hub, ECR ou GCR, pronto para ser implantado em produção por ferramentas como ArgoCD, Helm ou Terraform.

Ao construir a integração com CI/CD, é fundamental garantir que todas as variáveis sensíveis, como URIs de tracking, credenciais de storage ou tokens de acesso ao Registry estejam protegidas. Devem ser armazenadas como segredos seguros na plataforma de CI/CD e carregadas como variáveis de ambiente no momento da execução.

### Resolução de Erros Comuns

Erro: "mlflow.exceptions.RestException: INVALID_PARAMETER_VALUE"
Causa provável: Pipeline tentando registrar ou promover modelo com parâmetros incorretos.
Solução recomendada: Validar tipos e nomes de parâmetros com base na documentação do Registry antes da chamada.

Erro: "Docker image build failed"
Causa provável: Falta de permissões no daemon ou incompatibilidade entre dependências do modelo e imagem base.
Solução recomendada: Garantir que o ambiente tenha permissões de root, Docker ativo e imagem base compatível com os flavors utilizados.

Erro: "Model not found at specified URI"
Causa provável: A run associada ao modelo não foi corretamente registrada, ou o ID está incorreto.
Solução recomendada: Aguardar conclusão da run antes de registrar o modelo e verificar se o caminho está acessível no backend configurado.

Erro: "Permission denied when transitioning model version stage"
Causa provável: Usuário sem autorização para manipular estágios no Registry.
Solução recomendada: Verificar permissões atribuídas ao token de autenticação ou configurar regras de acesso no backend do MLflow.

Erro: "Health check failed after deploy"
Causa provável: Modelo promovido foi implantado com erro de compatibilidade de entrada.
Solução recomendada: Incluir etapa de validação funcional no pipeline, com dados simulados e comparação de respostas antes de promover o modelo.

### Boas Práticas

- Estruturar o pipeline CI/CD em etapas independentes e nomeadas, como train, validate, register, promote, deploy.

- Automatizar a execução de testes unitários e testes de regressão sempre que um novo modelo for treinado.

- Armazenar os experimentos em backend remoto e versionado, com armazenamento separado para artefatos.

- Manter registros de logs detalhados para cada etapa do pipeline, facilitando o debug e a auditoria em caso de falhas.

- Usar nomes consistentes e timestamps em cada modelo salvo, para facilitar rastreamento cruzado entre tracking, registry e sistemas externos.

## Resumo Estratégico

A integração com pipelines de CI/CD transforma o MLflow de uma plataforma de experimentação em uma fundação operacional para entrega contínua de modelos. Ela garante que cada nova versão seja testada, validada e implantada com rastreabilidade, segurança e mínima intervenção humana. Automatizar o ciclo de vida dos modelos não é apenas uma escolha técnica: é um passo decisivo rumo à maturidade da engenharia de Machine Learning. Ao conectar MLflow aos fluxos de automação já utilizados em software, times podem alcançar escala real com consistência, controle e eficiência. O resultado é uma operação confiável, onde cada modelo em produção passou por validações formais, está documentado, é versionado e pode ser auditado em qualquer ponto do tempo. É assim que se constrói uma esteira de IA robusta, sustentável e pronta para escalar.

# CAPÍTULO 11. VISUALIZAÇÃO E ANÁLISE DE MÉTRICAS

A tomada de decisão em projetos de Machine Learning precisa ser fundamentada em dados objetivos e facilmente interpretáveis. O sucesso de um modelo não está apenas em sua taxa de acerto ou erro, mas na capacidade de identificar nuances de desempenho, comparar versões, entender variações e justificar escolhas técnicas. A visualização e análise de métricas é o mecanismo que transforma experimentação em aprendizagem. Com o MLflow, esse processo é tratado como uma função nativa, permitindo que métricas sejam registradas, comparadas, consultadas e visualizadas de forma intuitiva e rastreável, tanto por meio de interface gráfica quanto por código.

Toda execução registrada no MLflow Tracking pode conter múltiplas métricas. Essas métricas representam os indicadores de desempenho de um modelo em relação a uma tarefa específica. A métrica principal — como acurácia, RMSE ou F1 — geralmente serve de critério de promoção, mas as métricas secundárias são igualmente importantes para compreender a estabilidade, o balanceamento e os trade-offs do modelo.

As métricas são registradas durante a execução da run, utilizando funções como mlflow.log_metric() ou por meio do autolog(), que captura automaticamente os valores produzidos pelas bibliotecas de modelagem.

python

```
mlflow.log_metric("accuracy", 0.937)
```

```
mlflow.log_metric("f1", 0.882)

mlflow.log_metric("precision", 0.905)

mlflow.log_metric("recall", 0.861)
```

Os registros permitem que, após o término da execução, os resultados estejam disponíveis na interface do MLflow, associados ao ID da run e organizados visualmente em gráficos interativos. A tela de comparação de runs permite selecionar múltiplas execuções e plotar suas métricas em diferentes eixos, facilitando a identificação de padrões, anomalias e versões superiores.

Além das métricas finais, o MLflow permite registrar valores em série temporal, úteis para monitorar evolução durante o treinamento. Isso é feito registrando múltiplas chamadas de log_metric() com o mesmo nome e diferentes timestamps ou steps.

python

```python
for epoca in range(1, 11):
    mlflow.log_metric("loss", valor_loss[epoca], step=epoca)
```

O gráfico correspondente exibirá a curva de perda ao longo do tempo, o que ajuda a identificar overfitting, underfitting ou instabilidade no treinamento.

As curvas podem ser visualizadas diretamente na interface web, com controle de zoom, filtros e comparação entre runs. É possível, por exemplo, comparar a curva de aprendizado de dois modelos com diferentes taxas de aprendizado ou regularizações e visualizar qual converge mais rapidamente ou com menor oscilação.

A interface também permite ordenação e filtragem das runs

por qualquer métrica registrada. Isso possibilita, por exemplo, buscar todas as execuções com acurácia acima de 0.9 e tempo de treinamento inferior a 300 segundos. Essas consultas visuais são valiosas em fases de experimentação intensa, onde dezenas ou centenas de runs são executadas com pequenas variações de parâmetros.

Além da interface, o MLflow oferece uma API robusta para buscar, analisar e comparar métricas por código. Isso é útil para construir relatórios automatizados, painéis personalizados ou integrar os resultados com outras ferramentas analíticas.

python

```python
from mlflow.tracking import MlflowClient

client = MlflowClient()
runs = client.search_runs(
    experiment_ids=["1"],
    filter_string="metrics.f1 > 0.85 and tags.modelo='xgboost'",
    order_by=["metrics.f1 DESC"]
)
```

O script retorna todas as runs com F1 acima de 0.85, associadas ao modelo XGBoost, ordenadas do melhor para o pior. Isso pode alimentar dashboards em tempo real, sistemas de recomendação interna de versões ou automação de deploy.

Outro uso estratégico da visualização de métricas é em testes de regressão. Em pipelines de CI/CD, é possível comparar a métrica da versão mais recente com a última em produção e rejeitar a promoção se houver degradação.

python

```
versao_atual = nova_run.data.metrics["f1"]
versao_producao = producao_run.data.metrics["f1"]
if versao_atual >= versao_producao:
    promover()
```

A comparação programática transforma a métrica em um gate técnico, formalizando o processo de validação e evitando regressões silenciosas.

Além das métricas numéricas, o MLflow permite salvar arquivos como gráficos de precisão-recall, curvas ROC, matrizes de confusão ou qualquer outra visualização produzida com bibliotecas como Matplotlib, Seaborn ou Plotly. Esses arquivos podem ser salvos como artefatos com log_artifact() e ficam acessíveis junto à run.

python

```
plt.savefig("roc_curve.png")
mlflow.log_artifact("roc_curve.png")
```

As visualizações podem ser abertas diretamente na interface do MLflow ou baixadas por APIs, servindo como documentação visual do desempenho do modelo e suporte a apresentações, relatórios e validações.

Para projetos que exigem visualizações específicas ou interativas, é possível gerar painéis customizados integrando MLflow com bibliotecas de visualização como Dash, Streamlit ou Gradio. As métricas podem ser extraídas via API e exibidas em tempo real, com filtros, sliders e gráficos responsivos.

Além disso, o MLflow permite agrupar execuções por tags, facilitando comparações por grupo, cenário ou configuração. Uma tag como versao_dataset permite agrupar todas as execuções feitas com determinado snapshot dos dados, isolando o impacto das mudanças na base em relação ao desempenho do modelo.

python

```
mlflow.set_tag("versao_dataset", "abril-2025")
```

Tais tags se tornam filtros valiosos na interface de visualização, permitindo análise cruzada de variáveis como modelo, fonte de dados, autor da run, framework utilizado ou qualquer outro metadado relevante.

### Resolução de Erros Comuns

Erro: "Metric not shown in UI"
Causa provável: Métrica registrada fora do bloco de run ou com erro de indentação.
Solução recomendada: Verificar se o log_metric() está dentro do bloco with mlflow.start_run().

Erro: "Plot not displayed" ao abrir artefato
Causa provável: Arquivo salvo em formato não suportado pelo navegador (como .fig do Matplotlib).
Solução recomendada: Salvar os gráficos em formatos universais como .png, .jpg ou .pdf.

Erro: "Metric value overwritten"
Causa provável: Métrica registrada múltiplas vezes com o mesmo nome e sem especificar step.
Solução recomendada: Utilizar o parâmetro step= ao registrar séries temporais.

Erro: "Filter expression invalid" na busca por runs
Causa provável: Sintaxe incorreta ou campo inexistente.
Solução recomendada: Validar o nome exato da métrica e revisar a expressão de filtro conforme a documentação oficial.

Erro: "Run not found" ao tentar acessar métricas por código

Causa provável: ID de run incorreto ou experimento não carregado corretamente.

Solução recomendada: Confirmar o ID da run na interface gráfica e garantir que o experimento correto esteja selecionado.

### Boas Práticas

- Registrar todas as métricas relevantes para a tarefa, mesmo que não sejam usadas como critério principal de avaliação.

- Utilizar métricas compostas ou derivadas, como f1_macro, gmean, mcc, quando o contexto exigir avaliação balanceada.

- Salvar curvas de aprendizado e perda sempre que possível, pois elas ajudam a diagnosticar problemas estruturais no modelo.

- Documentar o significado de cada métrica nos artefatos ou como tag na run, facilitando a leitura por outros membros do time.

- Usar tags para indicar contexto, como modelo=xgboost, dataset=abril, normalizacao=zscore, permitindo comparações filtradas.

### Resumo Estratégico

A visualização e análise de métricas é o elo que conecta experimentação a decisão técnica. Sem ela, cada run seria apenas um número solto. Com ela, surgem padrões, comparações, aprendizados e justificativas. O MLflow fornece uma estrutura poderosa para capturar, consultar e interpretar essas métricas com clareza, rastreabilidade e fluidez. Integrar a análise de métricas ao fluxo de trabalho de Machine Learning garante que cada escolha feita — de parâmetros, modelos ou versões — esteja embasada em dados verificáveis, auditáveis e reutilizáveis.

# CAPÍTULO 12. ENGENHARIA DE FEATURES E PRÉ-PROCESSAMENTO

A eficácia de um modelo de Machine Learning depende diretamente da qualidade das variáveis que o alimentam. Dados brutos raramente estão prontos para serem utilizados em algoritmos de modelagem. Eles exigem limpeza, transformação e reorganização. Essa etapa é conhecida como engenharia de features e pré-processamento. Quando mal executada, ela compromete todo o pipeline. Quando bem estruturada, ela define o diferencial competitivo do modelo. No contexto do MLflow, essa etapa não apenas precisa ser eficaz, mas também reprodutível, rastreável e integrada ao ciclo completo de versionamento e deploy.

Engenharia de features é o processo de criar, transformar e selecionar variáveis explicativas que alimentam um modelo. Pré-processamento é o conjunto de operações aplicadas antes da modelagem propriamente dita — desde limpeza de dados até normalização, encoding, tratamento de outliers e preenchimento de valores nulos. Os processos citados são essenciais para garantir consistência estatística, estabilidade do modelo e capacidade de generalização. No MLflow, a estrutura dessas transformações precisa ser incorporada ao pipeline, registrada como artefato e, quando possível, versionada junto ao modelo.

Para iniciar, é necessário compreender o papel das features. São elas que carregam a informação necessária para a tomada de decisão algorítmica. O modelo aprende padrões baseando-se nos sinais que as variáveis apresentam. Quando uma feature é ruidosa, colinear, redundante ou mal formatada, o modelo pode aprender padrões falsos, amplificar vieses ou simplesmente falhar ao generalizar. Por isso, o foco inicial deve ser garantir qualidade sem sacrificar variabilidade útil.

O pipeline de pré-processamento pode ser construído com bibliotecas como Scikit-learn, Pandas, Feature-engine ou customizado manualmente. Um pipeline típico pode incluir:

- Identificação e remoção de valores ausentes

- Codificação de variáveis categóricas

- Normalização ou padronização de escalas

- Transformações logarítmicas ou polinomiais

- Criação de variáveis derivadas (features sintéticas)

- Seleção de variáveis com base em importância ou correlação

Os passos descritos devem ser construídos de forma sequencial e determinística, preferencialmente encapsulados em objetos reutilizáveis como Pipeline do Scikit-learn.

python

```python
from sklearn.pipeline import Pipeline
from sklearn.preprocessing import StandardScaler, OneHotEncoder
from sklearn.impute import SimpleImputer
from sklearn.compose import ColumnTransformer
```

```python
num_atributos = ["idade", "renda"]
cat_atributos = ["estado_civil", "profissao"]

num_pipeline = Pipeline([
    ("imputer", SimpleImputer(strategy="median")),
    ("scaler", StandardScaler())
])

cat_pipeline = Pipeline([
    ("imputer", SimpleImputer(strategy="most_frequent")),
    ("onehot", OneHotEncoder(handle_unknown="ignore"))
])

preprocessador = ColumnTransformer([
    ("num", num_pipeline, num_atributos),
    ("cat", cat_pipeline, cat_atributos)
])
```

O objeto preprocessador pode ser utilizado tanto para transformar os dados de treino quanto para ser salvo como parte do artefato final do modelo.

python

```python
preprocessador.fit(X_treino)
X_treino_transformado = preprocessador.transform(X_treino)
```

O pipeline deve ser salvo com o MLflow para garantir reprodutibilidade:

python

```
import mlflow.sklearn

mlflow.sklearn.log_model(preprocessador,
"pipeline_preprocessamento")
```

Com esse registro, qualquer nova execução poderá carregar o pipeline e aplicar exatamente as mesmas transformações, mesmo que o código tenha evoluído ou que o ambiente de execução seja diferente. Isso é fundamental para evitar o chamado training-serving skew, em que o modelo recebe dados transformados de forma diferente entre o treino e o deploy.

A engenharia de features também inclui a criação de variáveis derivadas. É nesse ponto que a expertise de negócio se alia ao conhecimento estatístico. Variáveis como razão entre colunas, indicadores booleanos, agrupamentos, contagens condicionais ou transformações temporais (lags, médias móveis, sazonalidade) podem representar a diferença entre um modelo genérico e uma solução afinada para o problema real.

A criação dessas features deve ser feita de forma programática e registrada. Evite manipulações manuais ou não rastreáveis. Cada função de transformação deve ser encapsulada, documentada e testada. Isso permite não apenas a reprodutibilidade como também a reutilização em outros projetos.

python

```
def criar_features(df):
    df["renda_idade"] = df["renda"] / (df["idade"] + 1)
```

```
df["profissao_freq"] =
df["profissao"].map(df["profissao"].value_counts(normalize=Tru
e))

    return df
```

A função pode ser registrada como parte do pipeline, e seu efeito deve ser auditado com logs de distribuição e estatísticas descritivas.

Outro ponto crítico é o tratamento de valores ausentes. A escolha da estratégia de imputação precisa considerar o impacto na variância dos dados e no viés introduzido. Imputar com média ou mediana pode ser suficiente em alguns contextos, mas em outros, a criação de uma flag para indicar a ausência do valor pode melhorar o desempenho do modelo.

python

```
df["renda_na"] = df["renda"].isna().astype(int)

df["renda"] = df["renda"].fillna(df["renda"].median())
```

O tipo de tratamento é especialmente útil em contextos onde a ausência do dado tem significado informativo. O MLflow pode registrar essas transformações como parte do código-fonte da run ou como artefato.

Ao trabalhar com variáveis categóricas, a escolha entre OneHotEncoder, LabelEncoder ou técnicas como TargetEncoding deve ser orientada pelo volume de dados, a cardinalidade da variável e a estratégia de deploy. Codificações baseadas em target, por exemplo, oferecem ganho de informação, mas exigem cuidado para evitar vazamento de dados do conjunto de teste para o treino.

O uso de OneHotEncoder é apropriado para variáveis com baixa cardinalidade:

python

```
from sklearn.preprocessing import OneHotEncoder


encoder = OneHotEncoder(handle_unknown="ignore",
sparse_output=False)
X_categ = encoder.fit_transform(df[["estado_civil"]])
```

Para variáveis com muitas categorias ou datasets com alta dimensionalidade, estratégias como codificação ordinal ou agrupamento de categorias raras são mais indicadas.

A normalização de dados numéricos é outro ponto de atenção. Modelos baseados em distância ou gradiente — como SVM, redes neurais ou regressão logística — se beneficiam de dados em escalas comparáveis. O uso de StandardScaler ou MinMaxScaler deve ser feito com fit no conjunto de treino e transform nos dados futuros, garantindo que os parâmetros de escala não sejam influenciados por dados fora do treino.

A engenharia de features deve sempre ser construída como parte do pipeline completo, desde a ingestão até o deploy. Isso evita transformações desconectadas e garante que o modelo esteja sempre sendo alimentado por dados no mesmo formato e estrutura que os utilizados no treino. No MLflow, isso significa registrar o pipeline completo como um único artefato, ou acoplar o pipeline como pré-processador no log_model().

python

```
from sklearn.pipeline import Pipeline
from sklearn.linear_model import LogisticRegression
```

```
modelo_completo = Pipeline([

    ("preprocessamento", preprocessador),

    ("classificador", LogisticRegression())

])


modelo_completo.fit(X_treino, y_treino)


mlflow.sklearn.log_model(modelo_completo,
"modelo_pipeline")
```

O modelo encapsula todas as transformações e o algoritmo de predição, criando um objeto único, rastreável e pronto para deploy. É a forma mais segura de evitar inconsistência entre ambientes.

### Resolução de Erros Comunss

Erro: "ValueError: input contains NaN"
Causa provável: Dados de entrada não passaram pelo pipeline de imputação.
Solução recomendada: Garantir que o pipeline de pré-processamento seja aplicado a todos os dados antes do fit ou predict.

Erro: "Found unknown categories during transform"
Causa provável: OneHotEncoder recebeu categoria nova não presente no treino.
Solução recomendada: Definir handle_unknown="ignore" no encoder ou usar estratégias de agrupamento de categorias raras.

Erro: "Feature mismatch between training and inference"
Causa provável: Diferença no número ou ordem das features

entre o treino e o deploy.

Solução recomendada: Encapsular todas as transformações no pipeline e salvar com o modelo via MLflow.

Erro: "NotFittedError: This transformer instance is not fitted yet"

Causa provável: Tentativa de usar transform() sem ter executado fit().

Solução recomendada: Verificar a ordem de chamada das funções e garantir que o fit foi feito antes da transformação.

Erro: "KeyError" ao acessar coluna transformada

Causa provável: Mudança de nome ou exclusão da variável original.

Solução recomendada: Manter consistência no nome das colunas e documentar as transformações.

## Boas Práticas

- Encapsular todas as transformações em pipelines reutilizáveis e bem documentadas.

- Registrar os pipelines como artefatos com mlflow.sklearn.log_model() para garantir rastreabilidade.

- Usar nomeações padronizadas para etapas e colunas, facilitando leitura e manutenção.

- Validar a distribuição das features transformadas com gráficos e estatísticas descritivas.

- Realizar análise de importância das features para remover variáveis irrelevantes ou ruidosas.

## Resumo Estratégico

A engenharia de features e o pré-processamento são os pilares técnicos sobre os quais modelos robustos são construídos. No contexto do MLflow, essas etapas não podem ser vistas como prévias ou auxiliares, mas como partes centrais do pipeline de experimentação e entrega. Transformações precisam ser rastreáveis, versionáveis e integradas ao modelo final. Ao compreender tecnicamenter esse processo, equipes aumentam a precisão, a confiabilidade e a escalabilidade de suas soluções. Mais do que transformar dados, é aqui que transformamos conhecimento de negócio em variáveis úteis, e variáveis úteis em modelos que geram impacto real.

.

# CAPÍTULO 13. SEGURANÇA E CONTROLE DE ACESSO

Projetos de Machine Learning não lidam apenas com dados e algoritmos. Eles operam dentro de contextos organizacionais que exigem conformidade, proteção da informação e rastreabilidade de ações. À medida que os fluxos de experimentação se profissionalizam e os modelos chegam à produção, cresce a necessidade de estabelecer políticas claras de segurança e controle de acesso. O MLflow, como plataforma operacional de ciclo de vida de modelos, deve ser implantado com atenção a esses princípios. Isso envolve desde a definição de permissões sobre experimentos, controle de alterações em modelos, autenticação de usuários até o isolamento de ambientes e proteção de artefatos sensíveis.

A segurança em projetos de ML não pode ser vista como um módulo adicional. Ela precisa ser parte da arquitetura desde o início. Isso significa definir quem pode treinar, registrar, promover, implantar e excluir modelos, e garantir que cada ação seja rastreável. Também significa proteger os dados utilizados nos experimentos, garantir que o código executado seja validado e controlar o acesso aos recursos computacionais envolvidos.

No contexto do MLflow, a estrutura básica de segurança pode ser organizada em três camadas complementares:

- Acesso ao servidor de tracking

- Proteção dos artefatos

- Controle de operações no Model Registry

Cada uma dessas camadas deve ser tratada com políticas distintas e integradas ao sistema de identidade da organização, quando possível.

O primeiro passo é garantir que o servidor do MLflow esteja acessível apenas a usuários autorizados. Por padrão, o MLflow Tracking Server não possui autenticação. Isso significa que qualquer usuário com acesso à porta pode registrar experimentos, visualizar métricas e acessar artefatos. Em ambientes profissionais, isso é inaceitável. A proteção do servidor deve ser feita utilizando um proxy reverso com autenticação básica, autenticação OAuth2, SSO (Single Sign-On) ou integração com sistemas como Keycloak ou Azure AD.

Um dos padrões mais simples é proteger o servidor com NGINX utilizando autenticação básica:

nginx

```
server {
    listen 443 ssl;
    server_name mlflow.dominio.com;

    ssl_certificate /etc/nginx/ssl/cert.pem;
    ssl_certificate_key /etc/nginx/ssl/key.pem;

    location / {
        proxy_pass http://localhost:5000;
        auth_basic "Área Restrita";
        auth_basic_user_file /etc/nginx/.htpasswd;
    }
```

}

O mecanismo descrito impede que usuários não autenticados acessem a interface web ou a API REST. Ele pode ser substituído por autenticação via tokens ou integração com OAuth2, dependendo da infraestrutura disponível.

A segunda camada é a proteção dos artefatos. Quando os experimentos são registrados, os artefatos — como modelos, imagens, logs e transformações — são salvos em um repositório. Esse repositório pode ser um diretório local ou um serviço de armazenamento em nuvem, como Amazon S3, Azure Blob Storage ou Google Cloud Storage. A segurança aqui depende de duas variáveis principais: o local onde os artefatos estão salvos e quem tem permissão para acessá-los.

Se o backend de artefatos estiver em uma nuvem, recomenda-se usar credenciais temporárias com escopo restrito. Por exemplo, no AWS S3, é possível configurar uma política que permita apenas leitura dos artefatos em produção e gravação apenas por pipelines autenticados.

- Política mínima para leitura de artefatos:

    - acesso apenas ao bucket e prefixo específico

    - sem permissão de deleção

    - sem permissão de listagem global

Além disso, o ideal é ativar criptografia em repouso e em trânsito. Os artefatos devem ser transmitidos por HTTPS e, ao serem armazenados, devem estar criptografados com chaves gerenciadas (KMS) da própria organização.

A terceira camada envolve o controle sobre o Model Registry.

Essa é a parte mais sensível do MLflow, pois define quais modelos estão em produção, quais estão em validação e quais estão obsoletos. Permitir que qualquer usuário altere o estágio de um modelo compromete toda a integridade do processo. O controle de acesso ao registry deve ser rígido.

Embora o MLflow não forneça nativamente um sistema de RBAC (role-based access control), essa funcionalidade pode ser implementada em torno do servidor, via API Gateway ou por wrappers internos. O padrão mais seguro é criar uma API intermediária que receba comandos de transição de estágio e valide, via autenticação, se o usuário tem permissão para executar aquela ação.

- Um cenário típico de controle:

  - Cientistas de dados podem registrar modelos e promover para Staging

  - Somente engenheiros de MLOps podem promover para Production

  - Apenas administradores podem deletar modelos ou versões

O controle pode ser orquestrado por scripts automatizados que verificam os tokens de identidade ou pelo uso de ferramentas externas que controlam a identidade da aplicação, como serviços de identidade federada.

Outra boa prática é registrar o autor de cada run e cada transição de estágio como tag ou comentário no Registry. Isso não impede alterações indevidas, mas garante que qualquer ação possa ser auditada posteriormente.

python

```
client.set_tag(run_id, "executado_por", "joao.silva")
```

```
client.update_model_version(name="modelo_x", version="2",
description="promovido por j.silva após validação em staging")
```

O registro detalhado cria uma trilha técnica auditável, que se torna essencial em projetos regulados ou em ambientes com múltiplos stakeholders.

Além das três camadas principais, é importante considerar também:

- Isolamento de ambientes de execução — evitar que o código de um experimento tenha acesso irrestrito ao ambiente de produção

- Limitação de recursos — configurar quotas para CPU, memória e disco, evitando que uma execução consuma todos os recursos da infraestrutura

- Validação de código — usar scanners de segurança, linters e testes unitários em todo código submetido ao pipeline

- Versionamento obrigatório — impedir que um modelo entre em produção sem estar vinculado a um commit específico do repositório de código

- Backup periódico — salvar cópias regulares dos bancos de dados e dos artefatos, com validação de integridade

### Resolução de Erros Comuns

Erro: "Access denied to artifact store"
Causa provável: As credenciais usadas pelo servidor não possuem permissão no bucket ou diretório.
Solução recomendada: Criar uma política de acesso restrita, mas suficiente para leitura e gravação no local correto, e testar com cliente autenticado.

Erro: "Unauthorized model transition"
Causa provável: Tentativa de mudar estágio do modelo sem autenticação ou com permissões limitadas.
Solução recomendada: Implementar camada intermediária de autorização ou separar o controle de staging e produção por credenciais.

Erro: "Insecure content loaded over HTTP"
Causa provável: Interface do MLflow servida em HTTP e não HTTPS.
Solução recomendada: Usar NGINX ou outro proxy com SSL/TLS ativado, e redirecionar requisições HTTP para HTTPS.

Erro: "Run owner unknown"
Causa provável: Registro da run feito sem autenticação ou sem tag de autoria.
Solução recomendada: Forçar a inclusão de metadados de autoria no momento da criação da run e exigir tokens autenticados para qualquer submissão.

Erro: "Model version overwritten"
Causa provável: Registro manual de modelo com mesmo nome sem controle de versão.
Solução recomendada: Automatizar o versionamento com lógica de incremento e impedir sobrescrita manual via permissões.

## Boas Práticas

- Sempre expor o servidor do MLflow por trás de um proxy com autenticação e HTTPS.

- Definir políticas de controle de acesso baseadas em papéis, mesmo que implementadas manualmente.

- Proteger buckets e storages com autenticação baseada em identidade de serviço e não por chave de acesso compartilhada.

- Registrar autor, finalidade e justificativa de cada transição de modelo no Registry.

- Auditar acessos regularmente, verificando logs e ações realizadas por cada usuário.

### Resumo Estratégico

A segurança e o controle de acesso em projetos de Machine Learning não são opcionalidades. Eles são componentes centrais da maturidade operacional. À medida que os modelos se tornam ativos estratégicos, com impacto real em processos e decisões, cresce a exigência por rastreabilidade, controle de versões, limitação de permissões e proteção contra alterações indevidas. O MLflow fornece a infraestrutura básica para rastrear ações, registrar autoria e versionar modelos, mas sua real eficácia depende da implementação de políticas complementares e práticas de segurança robustas. Incorporar essas práticas desde o início garante que o crescimento da operação de IA não venha acompanhado de vulnerabilidades estruturais. Segurança não é algo que se adiciona no fim — é a base sobre a qual se constrói confiança em soluções de Machine Learning em produção.

# CAPÍTULO 14. ESCALABILIDADE DE ARMAZENAMENTO

À medida que projetos de Machine Learning evoluem em maturidade, volume e colaboração, a capacidade de armazenar dados, artefatos, modelos e logs com eficiência deixa de ser um detalhe operacional e se transforma em uma exigência estratégica. O volume de artefatos técnicos gerado por execuções repetidas, versões de modelos, registros de métricas e armazenamentos paralelos pode comprometer o desempenho do sistema e a experiência dos usuários, se não for tratado com uma arquitetura de armazenamento escalável. O MLflow, por padrão, oferece suporte a múltiplas formas de backend para armazenamento de metadados e artefatos. No entanto, escalar essas camadas com responsabilidade técnica exige uma abordagem estruturada e previsível.

A escalabilidade de armazenamento no MLflow está diretamente ligada à separação entre dois componentes essenciais:

- Backend Store: responsável pelos metadados dos experimentos, como parâmetros, métricas, IDs de runs, nomes de modelos, estágios do registry.

- Artifact Store: responsável pelos arquivos físicos gerados por cada execução, como modelos, gráficos, relatórios e transformações.

O backend geralmente utiliza um banco de dados relacional (SQLite, PostgreSQL, MySQL), enquanto o artifact store pode residir em sistemas de arquivos locais, buckets em nuvem (Amazon S3, Azure Blob, GCS) ou volumes montados em rede (NFS, EFS). A escolha dessas camadas deve considerar simultaneidade de acesso, latência, tolerância a falhas e facilidade de replicação.

Começando pelo backend, o uso de SQLite em ambientes de produção é altamente desaconselhado. Ele foi projetado para cenários com baixo volume de escrita concorrente e não suporta múltiplas conexões simultâneas com desempenho satisfatório. Em ambientes profissionais, o padrão mínimo é a adoção de um PostgreSQL ou MySQL com gerenciamento de conexões, replicação de leitura e backup contínuo.

A migração do backend pode ser feita de forma simples, bastando alterar a URI de conexão:

bash

```
mlflow server \
  --backend-store-uri postgresql://user:senha@host:porta/mlflow \
  --default-artifact-root s3://bucket_mlflow/ \
  --host 0.0.0.0 \
  --port 5000
```

No lado do artifact store, o volume de dados cresce rapidamente. Cada run pode gerar dezenas ou centenas de arquivos, e muitas vezes os experimentos são duplicados com variações mínimas. A estratégia aqui é separar armazenamento quente (dados frequentemente acessados) de armazenamento frio (dados arquivados ou históricos). Buckets com versionamento habilitado, política de ciclo de vida e compressão automática são recursos essenciais para manter o custo sob controle.

O Amazon S3, por exemplo, permite configurar políticas que:

- movem artefatos com mais de 30 dias para armazenamento infrequente (IA)

- arquivam objetos com mais de 90 dias em Glacier Deep Archive

- excluem automaticamente arquivos com mais de X dias sem acesso

As políticas não precisam ser implementadas no código, mas definidas no próprio console de gerenciamento do bucket, com regras condicionais aplicadas por prefixo (como "/runs/", "/models/" ou "/artefatos_historicos").

Outra estratégia é a deduplicação de artefatos. Em muitos projetos, os mesmos modelos ou arquivos são salvos múltiplas vezes. Ferramentas como DVC, LakeFS ou sistemas de arquivos orientados a conteúdo podem ser integradas ao pipeline para detectar duplicatas e economizar armazenamento real.

Além disso, é possível implementar compressão automática dos arquivos antes do envio ao artifact store:

python

```
import zipfile


with zipfile.ZipFile("modelo_completo.zip", "w") as zipf:
    zipf.write("modelo.pkl")
    zipf.write("pipeline.pkl")


mlflow.log_artifact("modelo_completo.zip")
```

A prática descrita reduz drasticamente o volume de armazenamento necessário, especialmente em runs com múltiplos arquivos ou arquivos de log extensos.

Outro ponto essencial é o gerenciamento de versões obsoletas. Sem uma política clara, o Registry pode acumular centenas de versões de modelos que nunca mais serão utilizados. O ideal é automatizar o arquivamento de versões que:

- não estão em Production ou Staging

- foram geradas há mais de 6 meses

- não possuem tag de uso recorrente

O processo pode ser realizado por scripts programáticos utilizando a API do MLflow:

python

```python
from mlflow.tracking import MlflowClient

client = MlflowClient()
versoes = client.search_model_versions("name='modelo_credito'")
for v in versoes:
    if v.current_stage == "None" and int(v.creation_timestamp) < limite_timestamp:
        client.transition_model_version_stage(v.name, v.version, stage="Archived")
```

Esse formato de automação reduz o uso de storage e mantém

o Registry limpo e consultável, com foco apenas em versões relevantes.

Além dos dados do próprio MLflow, é comum que os experimentos utilizem datasets grandes, armazenados localmente ou em buckets externos. A escalabilidade nesse ponto deve considerar cache local, chunking de arquivos, uso de formatos binários compactos (como Parquet ou Feather) e leitura paralela. Bibliotecas como Dask, Vaex ou Spark podem ser utilizadas para dividir os dados em múltiplos fragmentos e processar cada um de forma distribuída.

No caso de datasets hospedados em S3, recomenda-se evitar múltiplas chamadas pequenas e preferir leitura em lote, utilizando filtros de prefixo e page size ajustado. O mesmo vale para logs de execução, que devem ser enviados em blocos e, se possível, processados com ferramentas de observabilidade específicas (como ELK, Loki, Datadog ou Prometheus), em vez de depender exclusivamente do artifact store.

Em termos de arquitetura, uma estratégia madura de escalabilidade deve incluir:

- artefatos armazenados em bucket versionado com política de arquivamento

- backend de metadados com replicação e backup automático

- compressão e deduplicação de artefatos

- rotinas programadas de limpeza e arquivamento

- segregação entre ambientes (dev, staging, production) com storages distintos

- logs operacionais e métricas fora do MLflow, em sistemas especializados

- pipelines assíncronos para upload de arquivos grandes ou resultados pesados

## Resolução de Erros Comuns

Erro: "Too many open files"
Causa provável: Pipeline tentando abrir dezenas de artefatos simultaneamente.
Solução recomendada: Implementar leitura com contexto (with open) e limitar simultaneidade via pool ou controle de IO.

Erro: "Request time out writing artifact"
Causa provável: Latência alta no upload para buckets em nuvem.
Solução recomendada: Ativar compressão prévia e envio assíncrono com retry progressivo.

Erro: "Database lock timeout"
Causa provável: Backend relacional subdimensionado ou sem gerenciamento de conexão.
Solução recomendada: Usar pool de conexão e banco escalável como PostgreSQL com replica de leitura.

Erro: "Artifact not found" ao acessar execução antiga
Causa provável: Objeto movido para camada fria sem permissão de leitura direta.
Solução recomendada: Configurar politica de restauração automática ou mover os artefatos críticos para bucket de alta disponibilidade.

Erro: "Storage quota exceeded"
Causa provável: Crescimento descontrolado de arquivos em runs duplicadas.
Solução recomendada: Implementar controle de versões, compressão e política de retenção automática.

## Boas Práticas

- Adotar buckets escaláveis como S3, Azure Blob ou GCS com controle de versão ativado.

- Configurar políticas de ciclo de vida automatizadas para arquivamento, compressão e exclusão de artefatos antigos.

- Usar banco relacional dedicado com backup, replica e monitoramento contínuo para o backend.

- Automatizar scripts de limpeza, deduplicação e arquivamento com base em metadados técnicos.

- Dividir artefatos em camadas: hot (ativo), warm (consultável), cold (backup).

## Resumo Estratégico

A escalabilidade de armazenamento é uma competência central na operação de projetos de Machine Learning em larga escala. O MLflow fornece a estrutura necessária para registrar e versionar artefatos, mas sua eficácia depende de decisões arquitetônicas que garantam persistência, velocidade de acesso, resiliência e controle de custo. Projetos que ignoram esse aspecto colapsam sob o peso dos próprios dados. Já aqueles que antecipam e planejam a escalabilidade conseguem sustentar centenas de modelos, milhares de execuções e ciclos contínuos de experimentação com segurança e estabilidade. Armazenar bem não é apenas guardar — é saber recuperar, manter, escalar e evoluir. Essa é a base técnica de operações de ML duráveis e eficientes.

# CAPÍTULO 15. INTEGRAÇÃO COM CLOUD PROVIDERS

A execução eficiente de projetos de Machine Learning exige infraestrutura elástica, armazenamento escalável, processamento distribuído e mecanismos de entrega contínua. Tais necessidades convergem de forma natural com os recursos oferecidos pelos principais provedores de nuvem, como Amazon Web Services (AWS), Microsoft Azure e Google Cloud Platform (GCP). A integração do MLflow com esses ambientes é uma etapa crítica para garantir que modelos possam ser treinados, monitorados, versionados e implantados em escala, com segurança, rastreabilidade e otimização de recursos. A integração deve ser pensada não como um ajuste posterior, mas como parte da arquitetura nativa do ciclo de vida de modelos.

O MLflow oferece suporte flexível para execução em nuvem. Seus componentes — Tracking Server, Artifact Store, Backend Store, Model Registry e APIs — podem ser hospedados, distribuídos e consumidos em qualquer infraestrutura compatível com protocolos padrão HTTP, bancos relacionais e sistemas de arquivos em nuvem. A chave para a integração bem-sucedida está na orquestração dos recursos, controle de permissões e padronização de endpoints.

O primeiro ponto de decisão é onde será hospedado o Tracking Server. Ele pode rodar em uma instância EC2 (AWS), máquina virtual no Compute Engine (GCP), VM no Azure ou até mesmo como um contêiner em Kubernetes. O importante é que ele esteja acessível via HTTPS, com autenticação protegida e permissão para gravar nos serviços de backend e artefatos configurados.

Para ambientes de produção, o mais recomendado é executar o MLflow Tracking Server em um contêiner Docker, orquestrado por serviços como ECS (AWS), AKS (Azure) ou GKE (Google), com integração a balanceadores de carga e certificados SSL gerenciados.

bash

```
docker run -d \
  -p 5000:5000 \
  -e BACKEND_STORE_URI=postgresql://user:senha@host/db \
  -e ARTIFACT_ROOT=s3://bucket-mlflow \
  -v ~/.aws:/root/.aws \
  mlflow/mlflow:latest \
  mlflow server \
  --backend-store-uri $BACKEND_STORE_URI \
  --default-artifact-root $ARTIFACT_ROOT \
  --host 0.0.0.0 \
  --port 5000
```

O contêiner pode ser configurado com políticas de segurança de rede, escalabilidade automática e monitoramento centralizado.

No backend store, o banco de dados pode estar em serviços como RDS (AWS), Cloud SQL (GCP) ou Azure Database for PostgreSQL. É essencial que ele esteja com backup automático, encriptação ativada e regras de acesso por grupo de segurança.

O artifact store geralmente utiliza buckets de objetos, com configuração regional, versionamento habilitado, criptografia em repouso (SSE ou CMK) e regras de ciclo de vida para otimização de custo.

- Amazon S3:

  - ativar versionamento com aws s3api put-bucket-versioning

  - definir política de ciclo de vida para mover objetos antigos para IA ou Glacier

  - controlar acesso via IAM role ou policies anexadas ao EC2 ou Lambda

- Azure Blob:

  - criar container com redundância geográfica

  - utilizar SAS Token com validade controlada para acesso temporário

  - configurar regras de retenção e arquivamento automático

- Google Cloud Storage:

  - habilitar uniform bucket-level access

  - criar políticas com papéis específicos (Storage Object Viewer, Storage Object Creator)

  - aplicar criptografia com CMEK (Customer Managed Encryption Keys) quando exigido por compliance

Para que o MLflow interaja com esses storages, o container ou instância deve ter as credenciais apropriadas. No AWS, isso pode ser feito com IAM Role vinculada à instância. No GCP, com Service Account associada à VM ou Pod. No Azure, com Managed

Identity ou utilização de tokens SAS.

Além do armazenamento, o deploy de modelos também pode ser realizado diretamente nas plataformas em nuvem. O MLflow permite exportar modelos para serem servidos como APIs em serviços como:

- Amazon SageMaker: usando o comando
  mlflow.sagemaker.deploy()

- Azure ML: integrando com azureml-mlflow para registrar e servir modelos

- GCP AI Platform: exportando modelo em formato compatível e implantando via SDK

No caso da AWS, a integração com SageMaker permite publicar o modelo como endpoint, com controle de versão, métricas e escalabilidade automática.

python

```
import mlflow.sagemaker


mlflow.sagemaker.deploy(
    model_uri="models:/ClassificadorCredito/Production",
    region_name="us-east-1",
    mode="replace",
    execution_role_arn="arn:aws:iam::123456789012:role/
SageMakerExecutionRole",
    instance_type="ml.m5.large",
    instance_count=1,
    app_name="classificador-endpoint"
```

)

O modelo fica disponível como uma API REST, com autenticação via token e integração com CloudWatch para monitoramento.

Na Azure, o deploy pode ser feito com azureml.core e MLflow embarcado. O modelo é registrado e publicado como serviço de inferência com controle de escalonamento e roteamento de tráfego.

No GCP, o modelo exportado é carregado para o AI Platform usando gcloud ai models upload e configurado com endpoints de predição síncrona ou assíncrona.

Além do deploy, a nuvem permite escalar o treinamento dos modelos com uso de instâncias com GPU, clusters Spark, serviços serverless e pipelines orquestradas com Airflow, Vertex AI Pipelines ou Azure ML Pipelines.

O MLflow Projects pode ser usado nesses pipelines para executar tarefas padronizadas, com entrada controlada por parâmetros e ambiente isolado.

bash

```
mlflow run https://github.com/org/projeto-mlflow -P
taxa_aprendizado=0.01 -P n_estimators=100
```

O comando pode ser incluído em steps automatizados dentro de workflows mais complexos.

Outro ponto crítico da integração com cloud é o gerenciamento de segredos. As variáveis como URIs de banco, tokens de API e chaves de acesso não devem ser armazenadas no código-fonte. Elas devem ser protegidas em serviços como:

- AWS Secrets Manager

- Azure Key Vault

- GCP Secret Manager

E acessadas em tempo de execução com autenticação baseada em identidade da aplicação. Isso reduz o risco de vazamentos e permite revogação centralizada.

A integração com cloud providers também deve prever observabilidade. Logs e métricas do MLflow devem ser enviados para serviços como:

- CloudWatch Logs (AWS)

- Azure Monitor / Log Analytics

- Google Cloud Logging

Assim, permite-se monitorar tempo de execução, volume de artefatos, falhas de deploy, número de chamadas e eventos críticos.

Para ambientes multicloud ou híbridos, é importante isolar os ambientes por prefixo ou projeto, mantendo configuração modular de backends e storages. O MLflow suporta múltiplas instâncias e permite uso de ambientes separados por experimento, linha de negócio ou região geográfica.

### Resolução de Erros Comuns

Erro: "Permission denied when uploading artifact"
Causa provável: IAM Role ou Service Account sem permissão de gravação no bucket.
Solução recomendada: Revisar política de acesso e garantir que a role tenha permissões de s3:PutObject, storage.objects.create ou equivalente.

Erro: "Endpoint not found" após deploy no SageMaker
Causa provável: Nome do app diferente do endpoint ativo ou erro na transição de versão.
Solução recomendada: Verificar nomes de app e modelo, e validar se há conflitos com endpoints anteriores.

Erro: "No module named azureml"
Causa provável: Ambiente sem SDK do Azure ML instalado.
Solução recomendada: Adicionar azureml-core e azureml-mlflow ao ambiente Conda ou container.

Erro: "Secret not found" ao acessar Key Vault ou Secrets Manager
Causa provável: Falta de permissão da aplicação para acessar o cofre de segredos.
Solução recomendada: Garantir que a identity da aplicação tenha papel de leitor do segredo específico.

Erro: "Bucket location constraint error"
Causa provável: Bucket configurado com região incompatível com o serviço em uso.
Solução recomendada: Alinhar regiões do bucket, instância e serviços utilizados para evitar conflitos de replicação.

### Boas Práticas

- Usar buckets dedicados para MLflow, com versionamento e políticas de ciclo de vida.

- Proteger URIs, chaves e tokens em gerenciadores de segredo da nuvem.

- Executar o Tracking Server em contêiner com autenticação e SSL, usando balanceador de carga da cloud.

- Separar ambientes por projeto, com backend e artifact stores distintos.

- Utilizar Service Accounts, IAM Roles e Managed Identities para controlar permissões de forma segura.

## Resumo Estratégico

A integração do MLflow com cloud providers é o passo decisivo para transformar experimentos locais em operações distribuídas, auditáveis e escaláveis. Ao conectar tracking, storage, deploy e governança às estruturas de nuvem, times de Machine Learning ganham elasticidade, segurança e controle. Mais do que portar o MLflow para a nuvem, a missão é transformar a nuvem em base operacional para ciclos contínuos de modelagem e entrega. A nuvem deixa de ser um recurso técnico e passa a ser um diferencial competitivo. Quem estrutura bem essa integração constrói pipelines resilientes, observáveis e prontos para produção real, com governança completa e capacidade de escalar conforme o crescimento do negócio.

# CAPÍTULO 16. DEPLOY DE MODELOS EM PRODUÇÃO

Modelos de Machine Learning não geram valor enquanto estão apenas salvos em diretórios ou registrados em experimentos. O impacto real acontece quando esses modelos são efetivamente colocados em operação, recebendo dados do mundo real e devolvendo predições com confiabilidade, segurança e desempenho. A transição do ambiente experimental para o ambiente produtivo é chamada de deploy. No contexto do MLflow, o deploy de modelos é uma etapa crítica que deve ser arquitetada com precisão, rastreabilidade e aderência às melhores práticas de engenharia. É nesse ponto que a operação técnica encontra o usuário final, o produto digital ou o sistema automatizado que consome as decisões algorítmicas.

O MLflow oferece múltiplas formas de operacionalizar modelos registrados. Desde endpoints locais expostos via REST até integrações diretas com serviços gerenciados como Amazon SageMaker, Azure ML ou Kubernetes. O objetivo central é garantir que o modelo disponível no Model Registry possa ser invocado com segurança, monitorado em tempo real, escalado conforme a carga e revertido rapidamente em caso de falha.

A forma mais direta de fazer deploy de um modelo registrado no MLflow é utilizando o comando mlflow models serve. Esse comando inicia um servidor local de predição, expondo uma API REST com endpoints padronizados para envio de dados e retorno de predições.

bash

```
mlflow models serve -m models:/ClassificadorCredito/
Production -p 5000 --no-conda
```

O servidor pode ser colocado atrás de um proxy reverso, como NGINX, com autenticação e suporte a HTTPS, e integrado a balanceadores de carga, como AWS ALB ou Google Cloud Load Balancer.

Por padrão, o endpoint /invocations recebe um payload JSON contendo os dados de entrada:

json

```json
{

  "columns": ["idade", "renda", "estado_civil"],

  "data": [[32, 4500, "solteiro"]]

}
```

E retorna um array com as predições correspondentes:

json

```json
[0.91]
```

O deploy local é útil para testes, protótipos, validação de modelos e integração com sistemas internos. No entanto, para produção real, é recomendável empacotar esse servidor em um contêiner Docker, com o modelo e ambiente pré-carregados, e orquestrar esse contêiner em clusters gerenciados.

O MLflow permite gerar imagens Docker com o modelo embutido utilizando o comando build-docker:

bash

```bash
mlflow models build-docker -m models:/ClassificadorCredito/
```

Production -n mlflow-classificador:latest

A imagem pode ser publicada em repositórios como Amazon ECR, Docker Hub ou Azure Container Registry, e implantada em serviços como ECS, AKS, GKE ou mesmo ambientes on-premises.

Em cenários onde a infraestrutura já está consolidada em serviços gerenciados, é possível realizar o deploy direto via SDK. A integração com o Amazon SageMaker é um exemplo de pipeline nativa:

python

```python
import mlflow.sagemaker

mlflow.sagemaker.deploy(
    model_uri="models:/ClassificadorCredito/Production",
    region_name="us-east-1",
    mode="replace",
    execution_role_arn="arn:aws:iam::123456789012:role/SageMakerExecutionRole",
    instance_type="ml.m5.large",
    instance_count=1,
    app_name="classificador-endpoint"
)
```

O modelo fica disponível como uma API escalável, com monitoramento via CloudWatch, autenticação por IAM e possibilidade de roteamento de tráfego entre múltiplas versões para testes A/B.

Na Azure, o deploy é feito utilizando o SDK azureml, com

integração ao MLflow por meio do pacote azureml-mlflow. O processo envolve registro do modelo, criação de imagem Docker, configuração de ambiente de inferência e publicação do endpoint.

No Google Cloud, o deploy pode ser feito utilizando o Vertex AI, exportando o modelo do MLflow em formato compatível (SavedModel, ONNX ou scikit-learn pickle) e configurando um endpoint com controle de versionamento, autenticação OAuth2 e autoscaling.

Além das opções de deploy direto, é possível configurar servidores customizados. Isso inclui:

- APIs próprias escritas em Flask, FastAPI ou Django

- servidores em linguagem compilada com binding ao modelo serializado

- integração com Lambda Functions para predição sob demanda

- serviços assíncronos com mensageria (Kafka, Pub/Sub, RabbitMQ)

Em qualquer cenário, o essencial é garantir que o modelo implantado seja:

- versionado, com origem rastreável no Model Registry

- protegido, com autenticação e validação de entrada

- monitorado, com métricas de uso e alertas de erro

- revertível, com estratégia de rollback automatizada

Outro aspecto essencial é a preparação dos dados no ambiente de produção. O pipeline de pré-processamento utilizado no treinamento deve ser encapsulado junto com o modelo, de forma que os dados recebidos pela API sejam transformados de maneira idêntica. Isso evita erros silenciosos de feature drift ou data mismatch.

python

```python
from sklearn.pipeline import Pipeline

from sklearn.preprocessing import StandardScaler

from sklearn.linear_model import LogisticRegression


pipeline = Pipeline([

    ("scaler", StandardScaler()),

    ("classificador", LogisticRegression())

])


pipeline.fit(X_treino, y_treino)


mlflow.sklearn.log_model(pipeline, "modelo_producao")
```

O pipeline é salvo como um único artefato, com todas as transformações embutidas. No deploy, ele será carregado e executará os mesmos passos sem necessidade de reconfiguração manual.

Também é possível versionar o pipeline separadamente e encadeá-lo com o modelo final por meio de um wrapper personalizado. Isso é útil em ambientes onde a lógica de transformação de dados muda com mais frequência do que a modelagem algorítmica.

A validação pós-deploy deve ser parte da rotina operacional. Isso inclui testes funcionais (predição com payloads conhecidos), validação semântica (respostas coerentes com entradas) e checagem de performance (tempo de resposta, consumo de recursos).

A captura de métricas de produção também deve ser automatizada. Isso inclui:

- número de requisições por minuto

- taxa de erro HTTP

- distribuição das predições

- taxa de timeout

- logs de payloads anômalos

As métricas devem ser integradas a sistemas de observabilidade como Prometheus, Datadog, Azure Monitor ou CloudWatch. O MLflow não realiza essa função nativamente, mas o deploy em contêiner permite instrumentação por sidecar ou agentes de log.

A segurança no deploy deve incluir autenticação (chave de API, OAuth2, JWT), limitação de taxa, validação de schema de entrada e encriptação de dados em trânsito. O uso de API Gateway permite encapsular essas proteções, com autenticação delegada, filtros de IP e integração com sistemas de billing ou quota.

### Resolução de Erros Comuns

Erro: "ValueError: input shape mismatch"
Causa provável: Entrada enviada para o modelo difere do esperado no pipeline.

Solução recomendada: Validar o schema de entrada com ferramentas como pydantic ou cerberus, e padronizar o pré-processamento.

Erro: "404 Not Found" ao chamar endpoint
Causa provável: Deploy incompleto, nome incorreto ou endpoint ainda em provisionamento.
Solução recomendada: Validar status do serviço, tempo de provisionamento e nome do modelo.

Erro: "Permission denied on deploy"
Causa provável: Credencial sem permissão de deploy nos serviços gerenciados.
Solução recomendada: Revisar permissões da Service Account ou IAM Role e vincular ao projeto correto.

Erro: "ModuleNotFoundError" ao servir modelo
Causa provável: Dependência ausente no ambiente de produção.
Solução recomendada: Garantir que o ambiente de deploy seja criado com o mesmo conda.yaml usado no treino.

Erro: "Timeout during prediction"
Causa provável: Modelo muito pesado ou inferência com pré-processamento custoso.
Solução recomendada: Otimizar pipeline, reduzir payloads ou escalar a infraestrutura de forma proporcional.

### Boas Práticas

- Empacotar modelo e pré-processador em um único pipeline, garantindo consistência.

- Publicar o modelo como endpoint versionado, com rollback automático e isolamento de versões.

- Instrumentar o serviço com logs, métricas e alertas configuráveis.

- Documentar os endpoints com OpenAPI, incluindo exemplo de payload e retorno esperado.

- Utilizar balanceamento de carga e replicação para tolerância a falhas e escalabilidade horizontal.

- Configurar autoscaling com base em carga real ou métricas personalizadas.

### Resumo Estratégico

O deploy de modelos é o momento onde a engenharia de Machine Learning se encontra com o valor de negócio. Um modelo bem treinado que não chega à produção é uma prova de conceito inconclusiva. O MLflow oferece as ferramentas necessárias para que essa transição seja estruturada, rastreável e sustentável. Integrar modelos com APIs, monitoramento, controle de versões e políticas de segurança transforma código experimental em ativo operacional. O sucesso não está apenas em servir predições, mas em servir predições com confiança, velocidade e clareza. Deploy não é o fim do processo — é o ponto de partida para o ciclo contínuo de aprendizado em produção.

# CAPÍTULO 17. MONITORAMENTO E PÓS-IMPLANTAÇÃO

Como falamos anteriormente, o ciclo de vida de um modelo de Machine Learning não termina com o deploy. Ao contrário, é a partir da implantação que o modelo começa a ser testado em condições reais, processando dados de produção, interagindo com sistemas e usuários, e gerando impacto prático. É nesse momento que o monitoramento se torna um pilar técnico fundamental. Monitorar é garantir que o modelo está operando com estabilidade, respondendo com acurácia, lidando com novos padrões de dados e mantendo sua integridade estatística. O MLflow, embora não seja um sistema de monitoramento por si só, pode ser integrado com outras ferramentas para fornecer rastreabilidade e contexto, enquanto o ambiente ao redor do modelo fornece a instrumentação necessária para o acompanhamento técnico e estratégico.

O pós-implantação abrange o conjunto de ações que visam acompanhar o comportamento do modelo em produção, identificar desvios, reagir a falhas, atualizar versões, coletar feedbacks e gerar aprendizado contínuo. É uma fase de vigilância e refinamento, onde o foco não está mais apenas na performance técnica do algoritmo, mas no seu desempenho operacional em ambientes complexos e dinâmicos.

O monitoramento de modelos pode ser dividido em cinco eixos principais:

- disponibilidade: o modelo está acessível e respondendo conforme o esperado

- performance: tempo de resposta, throughput, consumo de CPU/memória

- qualidade das predições: manutenção da acurácia, recall, F1 ou métrica alvo

- estabilidade dos dados: ausência de data drift e concept drift

- integridade técnica: falhas de código, erros de input, degradação de artefatos

O primeiro passo para estruturar o monitoramento é garantir que o endpoint ou serviço de inferência esteja instrumentado para gerar logs e métricas em tempo real. Isso pode ser feito com bibliotecas como prometheus_client (Python), agentes como Fluent Bit, sidecars como Envoy ou integração com APIs nativas dos serviços de nuvem.

Para monitorar disponibilidade e performance, o padrão é coletar métricas como:

- número de requisições por minuto

- tempo médio de resposta (latência)

- percentil 95/99 da latência

- número de erros HTTP (400, 500)

- taxa de timeouts

- taxa de rejeição por schema inválido

As métricas podem ser exportadas para sistemas como

Prometheus, Grafana, Datadog, Azure Monitor ou CloudWatch. No caso de servidores baseados em mlflow models serve, o ideal é utilizar um proxy (como NGINX) com logs detalhados e métricas configuradas.

O segundo nível é o monitoramento da qualidade das predições. Isso exige armazenar as saídas do modelo e, sempre que possível, compará-las com os valores reais que serão conhecidos posteriormente. Essa análise pode ser feita por amostragem ou em pipelines assíncronas, com delay de validação.

python

```
log = {
    "entrada": entrada_json,
    "saida": modelo.predict(entrada),
    "timestamp": datetime.utcnow(),
    "versao_modelo": "v4.2"
}
armazenar_log_inferencia(log)
```

Os logs devem ser armazenados com versionamento, criptografia e filtros de anonimização para respeitar regulações como LGPD e GDPR. Com base nesses dados, é possível construir relatórios periódicos de acurácia pós-produção e comparar com as métricas obtidas em validação offline.

O monitoramento de data drift consiste em verificar se a distribuição dos dados de entrada está se afastando significativamente do que foi observado no treino. Isso pode ser feito com ferramentas como:

- EvidentlyAI

- Alibi Detect

- WhyLogs

- Scikit-multiflow

As bibliotecas permitem calcular estatísticas de distribuição (média, desvio padrão, histograma) e divergências (KL Divergence, PSI, Hellinger Distance) entre datasets de treino e produção.

python

```
from evidently.metrics import ColumnDriftMetric
from evidently.report import Report


report =
Report(metrics=[ColumnDriftMetric(column_name="idade")])

report.run(reference_data=treino_df,
current_data=producao_df)

report.save_html("drift_report.html")
```

A análise deve ser realizada periodicamente (diária, semanal, por volume de requisições) e gerar alertas em caso de detecção de desvio acima de um limite técnico.

O concept drift, por sua vez, ocorre quando a relação entre os dados e o target muda. Detectar concept drift é mais difícil, pois exige comparação entre predições e ground truth em janelas de tempo. Uma forma prática de monitorar é acompanhar a acurácia por período, segmentando por grupos de usuários, regiões ou outras variáveis de negócio.

Em ambientes de produção, o ideal é registrar a versão do modelo, os dados de entrada, o score e a saída final. Isso permite não só monitorar o desempenho, mas reconstruir qualquer predição para auditoria.

No MLflow, essas informações podem ser organizadas como tags e artefatos vinculados ao modelo registrado. É possível, por exemplo, armazenar uma amostra dos dados de entrada usados para validação de staging:

python

```python
mlflow.log_artifact("amostra_validacao_producao.csv",
artifact_path="val_producao")

mlflow.set_tag("val_data", "2025-03-10")
```

Os registros permitem, em auditorias futuras, reconstituir o contexto em que um modelo foi validado ou rejeitado.

Além disso, o Registry deve ser utilizado para controlar a transição entre versões com base em métricas de produção. Modelos que apresentarem regressão significativa devem ser automaticamente rebaixados para Archived ou substituídos por versões anteriores.

python

```python
if acuracia_producao < limite_minimo:

    client.transition_model_version_stage("ClassificadorCredito
", version="5", stage="Archived")

    client.transition_model_version_stage("ClassificadorCredito
", version="4", stage="Production")
```

A automação garante que o ambiente de produção esteja sempre operando com a melhor versão comprovada do modelo, e não apenas a última treinada.

Outro elemento essencial do pós-implantação é a coleta de feedback. Quando usuários interagem com as predições —

seja de forma explícita (confirmando, corrigindo) ou implícita (convertendo, clicando, comprando) — esses sinais devem ser capturados e armazenados como dados de realimentação do modelo. Isso permite refinamento contínuo, retraining baseado em evidência e melhoria da relevância.

Essa coleta de feedback pode ser realizada por meio de sistemas de evento (Kafka, Pub/Sub), APIs REST, registros em banco ou sistemas de fila. O importante é vincular o feedback à versão do modelo ativo e ao input original, para que o aprendizado seja contextualizado.

Por fim, o monitoramento do ambiente de execução também é crítico. Isso inclui:

- disponibilidade da infraestrutura (CPU, memória, disco)

- número de containers ativos

- tempo médio de reinício

- incidentes por zona/região

- custo acumulado de inferência

As informações devem ser integradas aos dashboards técnicos e acompanhadas por SREs ou squads responsáveis por operação. O deploy de modelos é um componente da arquitetura, e seu desempenho influencia diretamente a percepção de qualidade pelo usuário final.

### Resolução de Erros Comuns

Erro: "Predictions are inconsistent across runs"
Causa provável: Modelo atualizado sem versão fixada ou com pipeline inconsistente.
Solução recomendada: Sempre registrar a versão do modelo, pipeline e parâmetros de entrada.

Erro: "Drift not detected until severe performance loss"
Causa provável: Falta de monitoramento proativo das distribuições de entrada.
Solução recomendada: Implementar verificação de drift com frequência definida e alertas automáticos.

Erro: "Timeouts under heavy load"
Causa provável: Endpoint com infraestrutura insuficiente ou sem autoscaling.
Solução recomendada: Ajustar número de réplicas, limites de CPU/memória e configurar escalonamento.

Erro: "Metrics inconsistent between train and production"
Causa provável: Dados tratados de forma diferente nas duas fases.
Solução recomendada: Garantir que o pré-processamento seja idêntico e versionado junto ao modelo.

Erro: "Predictions logged without user feedback"
Causa provável: Falta de canal de coleta de ground truth ou evento de resposta.
Solução recomendada: Estabelecer processo de captura e vinculação de feedback ao input original.

### Boas Práticas

- Implementar logging estruturado com versão do modelo, input, output e metadados da requisição.

- Automatizar o cálculo de métricas de produção com base em amostras auditáveis.

- Monitorar continuamente data drift e concept drift com ferramentas específicas.

- Utilizar pipelines de revalidação para cada modelo promovido ao ambiente de produção.

- Integrar alertas de degradação com sistemas de incidentes (PagerDuty, Opsgenie, Slack).

## Resumo Estratégico

Monitorar é operar com consciência. É transformar modelos de código em componentes vivos de uma arquitetura crítica. A pós-implantação exige tanto rigor quanto o desenvolvimento inicial, pois é nesse estágio que o modelo se prova útil ou se mostra frágil. O MLflow permite registrar, versionar e rastrear cada passo da jornada, mas é o monitoramento que garante que essa jornada esteja no rumo certo. Modelos sem monitoramento são caixas-pretas em produção. Modelos com monitoramento são sistemas inteligentes que aprendem, evoluem e se mantêm alinhados às necessidades do negócio e dos usuários. Monitorar é cuidar. É a engenharia da confiança.

# CAPÍTULO 18. CASOS DE USO EM GRANDES AMBIENTES

Projetos de Machine Learning operando em larga escala enfrentam desafios que vão além do que é observado em contextos locais ou prototipais. A complexidade técnica aumenta exponencialmente com o crescimento do volume de dados, a diversidade de times envolvidos, a quantidade de modelos em produção, a exigência por reprodutibilidade e a necessidade de governança distribuída. Nesse cenário, o MLflow se apresenta como uma solução estratégica, capaz de organizar, padronizar e escalar o ciclo de vida de modelos. Em grandes ambientes, o uso de MLflow se dá em três frentes simultâneas:

- orquestração de múltiplas equipes em torno de um único repositório técnico e semântico

- padronização de experimentação, rastreamento e validação com pipelines automatizados

- integração com sistemas externos de controle, segurança, deploy e monitoramento

Um caso recorrente é o de instituições financeiras com múltiplas squads de dados atuando em domínios distintos: crédito, risco, prevenção a fraudes, marketing, relacionamento e investimentos. Cada squad opera com datasets próprios, modelos específicos e metas distintas. O MLflow, nesse contexto, precisa ser configurado como um ambiente multiusuário com isolamento lógico por projeto e integração com o sistema de identidade corporativa. O uso de experiments organizados por área funcional, combinado com tags de autor e estrutura de versionamento consistente, permite a cada squad ter autonomia operacional sem perder rastreabilidade institucional.

Outro padrão encontrado em empresas de varejo com forte presença digital é a adoção de MLflow como backbone da esteira de personalização. Modelos de recomendação, segmentação, previsão de demanda e análise de abandono são treinados, validados e entregues diariamente com pipelines CI/CD integrados ao MLflow Projects. O tracking de métricas em escala é centralizado, e os artefatos são armazenados em buckets com hierarquia por data, modelo e versão. Esses ambientes utilizam sistemas como Airflow ou Prefect para agendar execuções automáticas, invocar mlflow run com parâmetros dinâmicos, salvar os artefatos e decidir programaticamente se a versão resultante será promovida ao Model Registry.

bash

```
mlflow run . -P data_path=s3://data/dataset_20250418.csv -P
max_depth=8 -P lr=0.03
```

O comando é executado em batch todas as madrugadas por pipelines que buscam os dados do dia anterior, treinam novos modelos e comparam as métricas obtidas com as versões anteriores do Registry. Caso o modelo atual supere a versão em produção, é automaticamente promovido e implantado no endpoint ativo.

Empresas de tecnologia, especialmente plataformas com volume massivo de dados transacionais ou sociais, utilizam o MLflow em ambientes híbridos com Spark, Delta Lake e Kubernetes. O Tracking Server é executado em pods dedicados, com escalabilidade horizontal e replicação de banco. O backend store é um banco PostgreSQL com backup em múltiplas zonas de disponibilidade, e o artifact store é um bucket com ciclo de vida automático para mover arquivos antigos para camadas de arquivamento frio. Os modelos são versionados com MLflow Models, empacotados em containers Docker e entregues via Istio em arquitetura de microsserviços.

Os ambientes utilizam tags técnicas padronizadas em cada run:

- autor_modelo

- versao_dataset

- pipeline_hash

- ambiente_execucao

- tipo_modelo

- tempo_treino

- origem_job

A taxonomia permite cruzar dados entre runs, traçar métricas históricas, auditar ciclos de validação e construir dashboards analíticos com base nas execuções reais. A interface do MLflow é complementada com visualizações em Grafana, Power BI ou Looker, conectadas via API ao banco de metadados.

Outra abordagem em grandes corporações é o uso do MLflow para governança e conformidade. Em setores como saúde, telecomunicações e energia, há exigências legais de rastreabilidade, explicabilidade e reprodutibilidade. O MLflow é utilizado como repositório técnico, onde cada modelo implantado tem vínculo direto com o código, dataset, parâmetros, ambiente e autor. Todas as decisões algorítmicas são passíveis de reconstrução. Isso é feito armazenando:

- hash do código-fonte

- versão do dataset utilizado

- configuração exata do ambiente Conda

- assinatura digital da versão do modelo

A abordagem é integrada com sistemas de auditoria e controle interno. As execuções são validadas por processos de peer review técnico antes de qualquer promoção. Os scripts de deploy exigem aprovação formal, e os logs de inferência são armazenados com criptografia e indexação por identificador de usuário.

Em operações multinacionais, o MLflow é configurado com múltiplos Tracking Servers por região, sincronizados por replicação de metadados e pipelines de merge em batch. Cada unidade regional opera localmente, mas os modelos considerados centrais são promovidos para um Registry global. Essa arquitetura híbrida permite aderência à legislação local (como localização de dados) sem perder padronização global.

Um desafio frequente nesses cenários é o controle de custos. Em grandes ambientes, é comum a execução de centenas de experimentos por semana, gerando artefatos de gigabytes. O controle de versionamento, a limpeza automática de runs obsoletas, a compressão de arquivos e a política de arquivamento são indispensáveis.

python

```python
from mlflow.tracking import MlflowClient


client = MlflowClient()
runs = client.search_runs("12345", filter_string="metrics.auc <
0.7 and tags.tipo_modelo='teste'")
for run in runs:
```

```
client.delete_run(run.info.run_id)
```

O script remove runs de baixa performance, rotuladas como "teste", e é agendado semanalmente para manter o storage sob controle.

Outros casos de uso observados em grandes ambientes incluem:

- previsão de churn com múltiplos modelos por cluster de clientes

- detecção de anomalias em redes de sensores IoT com pipelines contínuas de dados

- score de risco dinâmico em fintechs com update diário de modelos

- seleção automatizada de modelos por desempenho em ambientes A/B

- deploy com rotação automática de versões com base em meta aprendizados

As aplicações exigem que o MLflow esteja plenamente integrado à stack técnica da organização. Isso inclui integração com:

- sistemas de CI/CD como GitLab, Jenkins ou Argo

- provedores de nuvem como AWS, Azure ou GCP

- Kubernetes para orquestração de containers

- bancos de dados analíticos como Snowflake, Redshift ou BigQuery

- serviços de autenticação e autorização como OAuth2,

LDAP ou SSO

- ferramentas de observabilidade como Datadog, Prometheus ou New Relic

## Resolução de Erros Comuns

Erro: "Tracking server overload"
Causa provável: Muitas conexões simultâneas em banco SQLite ou Postgres mal configurado.
Solução recomendada: Migrar para banco com pool gerenciado, aplicar replicação e particionamento de tabelas.

Erro: "Loss of run context in concurrent jobs"
Causa provável: Execuções em paralelo sem isolamento de variáveis de ambiente.
Solução recomendada: Gerar run_id único por execução e passar como argumento explícito para scripts.

Erro: "Excesso de artefatos não utilizados"
Causa provável: Falta de política de retenção ou compressão.
Solução recomendada: Implementar scripts de limpeza baseados em tags, idade e desempenho.

Erro: "Falha de replicação entre regiões"
Causa provável: Assinatura inconsistente de arquivos ou latência em replicação de banco.
Solução recomendada: Automatizar merge noturno, com verificação de integridade por hash e diffs semânticos.

Erro: "Conflito de versões no Registry"
Causa provável: Squads independentes promovendo modelos com mesmo nome.
Solução recomendada: Adotar convenção de nomes hierárquica, como squad1/modelo_fraude e global/modelo_fraude.

## Boas Práticas

- Definir padrão de nomenclatura para experimentos, runs, modelos e tags desde o início.

- Isolar ambientes por projeto ou squad com URIs distintas de Tracking Server.

- Integrar o MLflow ao pipeline CI/CD com validações automáticas, deploy controlado e rollback seguro.

- Automatizar logging de metadados críticos (dataset, autor, ambiente, hash do pipeline).

- Implementar dashboards de acompanhamento de experimentação e comparação de modelos.

### Resumo Estratégico

A adoção do MLflow em grandes ambientes representa um salto de maturidade em engenharia de Machine Learning. Ele deixa de ser uma ferramenta de tracking e se torna uma plataforma operacional de experimentação, governança e entrega de valor. Com ele, modelos deixam de ser scripts isolados e se tornam ativos corporativos versionados, auditáveis e reusáveis. O desafio não está apenas em escalar infraestrutura, mas em escalar processos, controle, qualidade e aprendizado coletivo. Os casos de uso aqui descritos mostram que, quando bem implementado, o MLflow é capaz de sustentar operações com dezenas de equipes, milhares de modelos e bilhões de predições, sempre com rastreabilidade técnica, eficiência operacional e segurança institucional. Escalar não é só rodar mais rápido — é manter clareza, confiabilidade e controle, mesmo em ambientes de altíssima complexidade.

# CAPÍTULO 19. INTEGRAÇÕES COM AUTOML

O avanço das plataformas de AutoML transformou significativamente o ciclo de desenvolvimento de modelos de Machine Learning. Ao automatizar tarefas como seleção de algoritmos, ajuste de hiperparâmetros, engenharia de features e validação cruzada, essas ferramentas permitem que equipes entreguem soluções preditivas com mais rapidez, especialmente em contextos de alta demanda, baixa maturidade técnica ou necessidade de prototipação acelerada. No entanto, a adoção de AutoML em ambientes estruturados exige integração com ferramentas de versionamento, rastreamento e governança. É exatamente nesse ponto que o MLflow se conecta com valor estratégico: orquestrando e registrando cada experimento gerado por plataformas de AutoML, garantindo rastreabilidade, controle e possibilidade de auditoria, mesmo quando o modelo não foi escrito manualmente.

Integrar AutoML com MLflow é transformar um processo que tende a ser uma "caixa-preta" em uma operação auditável, transparente e alinhada com os padrões de engenharia adotados por equipes maduras. O foco não está em substituir cientistas de dados, mas em permitir que soluções automatizadas se integrem de forma segura, rastreável e produtiva ao pipeline de Machine Learning da organização.

Os principais frameworks de AutoML com suporte à integração com o MLflow são:

- H2O.ai AutoML

- Amazon SageMaker Autopilot

- Azure AutoML

- Google Cloud Vertex AI AutoML

- Databricks AutoML

- Auto-sklearn

- TPOT

- FLAML

- MLJAR

Cada um possui particularidades técnicas e diferentes níveis de integração nativa, mas todos podem ser conectados ao MLflow por meio de APIs públicas, wrappers customizados ou artefatos registrados manualmente.

No caso da H2O.ai, o AutoML permite executar múltiplos modelos em paralelo, aplicando validação cruzada, filtragem de algoritmos ineficazes e retornando os melhores modelos ranqueados por métrica. A integração com MLflow pode ser feita utilizando mlflow.h2o.log_model() e o registro manual de parâmetros e métricas:

python

```
import mlflow
import mlflow.h2o

mlflow.set_experiment("automl_risco_credito")
```

```python
with mlflow.start_run():
    aml = H2OAutoML(max_models=20, seed=1)
    aml.train(x=features, y=target, training_frame=train_data)

    best_model = aml.leader
    mlflow.h2o.log_model(best_model, "modelo_automl_h2o")
    mlflow.log_metric("auc",
aml.leader.model_performance(test_data).auc())
```

O modelo fica registrado com todos os artefatos do H2O, podendo ser versionado, comparado, promovido no Registry e exposto como API.

Na Azure, o azureml-automl possui integração direta com MLflow por meio do SDK. Ao finalizar a execução de uma tarefa AutoML, é possível automaticamente publicar o melhor modelo no workspace do Azure ML e, ao mesmo tempo, registrá-lo no MLflow:

python

```python
from azureml.train.automl import AutoMLConfig
from azureml.core import Experiment
from azureml.core.workspace import Workspace

automl_config = AutoMLConfig(
    task='classification',
    primary_metric='AUC_weighted',
    experiment_timeout_minutes=30,
```

```
    training_data=dataset,
    label_column_name='target',
    n_cross_validations=5)


exp = Experiment(ws, 'automl_experimento_credito')
run = exp.submit(automl_config, show_output=True)
best_run, fitted_model = run.get_output()


import mlflow.azureml
mlflow.azureml.log_model(fitted_model,
"modelo_automl_azure")
```

Esse modelo pode ser promovido, validado e exposto como qualquer outro modelo manualmente treinado.

O AutoML do Google Cloud, via Vertex AI, permite exportar modelos treinados em formato SavedModel ou XGBoost, que podem ser logados no MLflow via mlflow.tensorflow.log_model() ou mlflow.xgboost.log_model():

python

```
import mlflow.xgboost


mlflow.set_experiment("credito_vertex_ai")


with mlflow.start_run():
    model = xgboost.Booster()
    model.load_model("model.bst")
```

```
mlflow.xgboost.log_model(model,
"modelo_vertex_exportado")
```

A prática garante que mesmo modelos treinados externamente possam ser trazidos para dentro da estrutura de tracking do MLflow, associando-os a tags, métricas e parâmetros adicionais.

Em frameworks como Auto-sklearn ou TPOT, que operam localmente e geram pipelines otimizados, o processo de integração passa por encapsular o modelo final, salvar os parâmetros usados e registrar os resultados:

python

```
import mlflow.sklearn

from autosklearn.classification import AutoSklearnClassifier

mlflow.set_experiment("automl_sklearn_credito")

with mlflow.start_run():
    model = AutoSklearnClassifier(time_left_for_this_task=360)
    model.fit(X_train, y_train)

    mlflow.sklearn.log_model(model, "modelo_autosklearn")
    mlflow.log_metric("f1", f1_score(y_test,
model.predict(X_test)))
```

O mesmo vale para TPOT, onde o pipeline gerado é convertido para um estimador sklearn e logado com mlflow.sklearn.log_model().

Um ponto importante ao integrar AutoML com MLflow é registrar todas as tentativas realizadas, e não apenas o melhor modelo. Isso pode ser feito com runs aninhadas (nested runs) ou com artefatos separados contendo o ranking completo das execuções, o tempo de cada uma e os hiperparâmetros testados. Dessa forma, a seleção final é rastreável e passível de auditoria.

python

```python
with mlflow.start_run() as parent_run:
    for i, modelo in enumerate(lista_modelos_testados):
        with mlflow.start_run(nested=True):
            mlflow.log_metric("f1", modelo.f1_score)
            mlflow.log_param("algoritmo", modelo.algoritmo)
            mlflow.log_param("tempo_execucao", modelo.tempo)
```

Além disso, a comparação de modelos AutoML com modelos manuais precisa ser feita de forma justa. É comum que AutoML produza modelos de alta performance com pipelines extremamente complexos, difíceis de interpretar e mais lentos para inferência. O MLflow ajuda a documentar essas características e suportar decisões de negócio com base em trade-offs objetivos.

Outro ponto crítico é o deploy. Como nem todos os modelos gerados por AutoML são compatíveis com os flavors nativos do MLflow, é necessário, às vezes, criar um wrapper personalizado para mlflow.pyfunc, definindo como o modelo será carregado e como ele realiza predições.

python

```python
import mlflow.pyfunc
```

```
class ModeloAutoMLWrapper(mlflow.pyfunc.PythonModel):
    def load_context(self, context):
        import joblib
        self.model =
joblib.load(context.artifacts["modelo_arquivo"])

    def predict(self, context, model_input):
        return self.model.predict(model_input)

mlflow.pyfunc.log_model(
    artifact_path="modelo_wrapped",
    python_model=ModeloAutoMLWrapper(),
    artifacts={"modelo_arquivo": "path/model.joblib"}
)
```

O wrapper garante compatibilidade com os endpoints de predição padrão do MLflow Models, permitindo deploy com mlflow models serve ou exportação para containers Docker.

### Resolução de Erros Comuns

Erro: "NotImplementedError: No flavor backend found for model type"
Causa provável: Tentativa de logar modelo AutoML em formato não compatível.
Solução recomendada: Criar wrapper customizado com mlflow.pyfunc.PythonModel.

Erro: "MemoryError during AutoML run"

Causa provável: Execução em máquina com recursos insuficientes.
Solução recomendada: Limitar número de modelos ou usar ambiente cloud com autoscaling.

Erro: "Model missing required methods predict or transform"
Causa provável: Modelo gerado fora do padrão sklearn ou não serializado corretamente.
Solução recomendada: Validar assinatura do modelo e adaptar pipeline com métodos esperados.

Erro: "Model too large for Registry upload"
Causa provável: Modelo com muitos subartefatos, checkpoints ou componentes embutidos.
Solução recomendada: Realizar compressão, limpeza de artefatos redundantes ou exportar somente parte essencial.

Erro: "Metric comparison failed due to missing values"
Causa provável: AutoML retornou pipeline incompleto em algumas execuções.
Solução recomendada: Filtrar apenas execuções válidas antes de registrar ou comparar modelos.

## Boas Práticas

- Registrar todos os modelos testados, e não apenas o melhor, com métrica e hiperparâmetros.

- Exportar os logs de execução do AutoML como artefato do MLflow para rastreabilidade.

- Documentar as limitações do modelo AutoML, incluindo tempo de inferência, interpretabilidade e complexidade do pipeline.

- Integrar AutoML com pipelines CI/CD para avaliação contínua e promoção automática com base em métrica.

- Utilizar tags específicas para distinguir execuções AutoML de execuções manuais.

## Resumo Estratégico

A integração entre AutoML e MLflow permite unir a velocidade e praticidade da automação com a solidez e rastreabilidade da engenharia aplicada. AutoML acelera a descoberta de modelos competitivos, mas é o MLflow que garante que esses modelos sejam auditáveis, versionados, governáveis e prontos para produção. Em ambientes corporativos, essa combinação é decisiva para democratizar a modelagem sem abrir mão da qualidade. Ao documentar cada passo, logar cada métrica e padronizar o deploy, a integração transforma soluções automatizadas em ativos confiáveis, alinhados à estratégia técnica e ao ciclo contínuo de melhoria. AutoML sem rastreabilidade é agilidade com risco. AutoML com MLflow é velocidade com responsabilidade.

# CAPÍTULO 20.
# REPRODUTIBILIDADE E
# AUDITORIA DE EXPERIMENTOS

Projetos de Machine Learning que não podem ser reproduzidos estão tecnicamente quebrados. A capacidade de repetir uma execução e obter os mesmos resultados é o fundamento sobre o qual se constrói a confiança em qualquer solução algorítmica. Reprodutibilidade não é apenas uma exigência técnica, mas um requisito estratégico em ambientes regulados, em times distribuídos e em contextos de missão crítica. A auditoria, por sua vez, é a extensão dessa lógica: é a habilidade de investigar, justificar e validar cada decisão tomada por um modelo. O MLflow oferece uma base sólida para garantir reprodutibilidade e auditoria por meio do rastreamento completo de execuções, versionamento de artefatos, encapsulamento de ambientes e integração com o código-fonte.

A reprodutibilidade em Machine Learning exige três condições fundamentais:

- dados de entrada preservados e versionados

- código e lógica de transformação registrados e fixos

- ambiente de execução (dependências, sistema operacional, parâmetros) controlado

Se qualquer uma dessas três dimensões variar, a reexecução pode gerar um resultado diferente. A função central do MLflow é registrar essas três camadas como parte de cada run, criando um rastro técnico completo que permite reproduzir a execução em qualquer outro ambiente com o mesmo contexto.

No MLflow, cada run é identificada por um run_id único, vinculado a:

- parâmetros (log_param)

- métricas (log_metric)

- artefatos (log_artifact)

- modelo treinado (log_model)

- código-fonte (log_artifact ou set_tag)

- ambiente (conda.yaml ou Dockerfile)

- data e hora da execução

- tags adicionais com metadados

Com esses registros, é possível reconstruir o estado completo de uma execução, mesmo anos depois.

O encapsulamento do ambiente é feito por meio do mlflow.projects, que define no arquivo MLproject a estrutura do projeto, as dependências e o comando de execução. O uso de conda_env ou docker_env garante que a reexecução seja feita em ambiente idêntico:

yaml

name: projeto_credito

conda_env: conda.yaml

entry_points:

```
main:
  parameters:
    max_depth: {type: int, default: 5}
  command: >
    python treino.py --max_depth {max_depth}
```

O manifesto pode ser executado com mlflow run, seja localmente, em uma máquina remota ou por pipeline:

bash

```
mlflow run . -P max_depth=7
```

A reprodutibilidade é garantida desde que o código fonte e os dados de entrada estejam intactos. Para isso, é fundamental versionar esses arquivos e registrar seus hashes como tags no MLflow:

python

```
import hashlib


def hash_arquivo(caminho):
    with open(caminho, "rb") as f:
        return hashlib.sha256(f.read()).hexdigest()


mlflow.set_tag("hash_treino", hash_arquivo("treino.py"))
mlflow.set_tag("hash_dataset", hash_arquivo("dados.csv"))
```

O hash permite validar posteriormente se os arquivos utilizados para uma nova run são os mesmos da execução original.

Outra estratégia é salvar os próprios arquivos como artefatos:

python

```
mlflow.log_artifact("treino.py")
mlflow.log_artifact("dados.csv")
```

Assim, os arquivos utilizados ficam armazenados com a run e podem ser inspecionados, baixados ou reutilizados em novos testes.

Para auditoria, o registro da autoria e da finalidade da execução é essencial. Isso pode ser feito com tags personalizadas:

python

```
mlflow.set_tag("executado_por", "carlos.ferreira")
mlflow.set_tag("finalidade", "validação_prod")
mlflow.set_tag("versao_pipeline", "v3.1.2")
```

As tags permitem gerar relatórios filtrados, identificar decisões tomadas por indivíduos ou times, e rastrear a evolução dos experimentos ao longo do tempo.

A auditoria se estende também ao registro de transições de estágio no Model Registry. Cada promoção de modelo para Staging ou Production deve ser registrada com descrição clara:

python

```
client.transition_model_version_stage(
    name="ClassificadorCredito",
    version=3,
    stage="Production",
```

```
    archive_existing_versions=True
)

client.update_model_version(
    name="ClassificadorCredito",
    version=3,
    description="Promovido após aprovação do comitê de risco
em 2025-03-22"
)
```

O comentário fica registrado como parte do histórico do modelo, permitindo reconstruir o racional técnico de cada deploy.

Em contextos regulados, como setor bancário, saúde ou energia, a auditoria exige que todo modelo implantado esteja associado a:

- dataset versionado e audível

- código-fonte documentado e imutável

- validação estatística registrada

- processo de aprovação técnica

- controles de acesso e logs de execução

- plano de rollback em caso de regressão

O MLflow facilita a implementação desses requisitos por meio da centralização de metadados técnicos e da flexibilidade na integração com sistemas externos.

Uma boa prática em ambientes auditáveis é gerar um

documento técnico automatizado por execução, com resumo da run, parâmetros utilizados, métricas principais, dataset referenciado, código aplicado, modelo gerado e link direto para a execução no MLflow.

Esse relatório pode ser gerado em HTML ou PDF e salvo como artefato:

python

```
with open("relatorio_execucao.html", "w") as f:
    f.write(conteudo_html)


mlflow.log_artifact("relatorio_execucao.html")
```

O tipo de evidência técnica é valioso em auditorias internas, certificações, processos de qualidade e investigações de incidentes.

Outro ponto importante é a comparação entre runs. O MLflow permite comparar métricas entre múltiplas execuções, visualmente ou por código. Isso permite identificar regressões, evoluções ou impacto de alterações específicas.

python

```
from mlflow.tracking import MlflowClient


client = MlflowClient()
runs = client.search_runs(
    experiment_ids=["0"],
    filter_string="tags.finalidade = 'validação_prod'",
    order_by=["metrics.f1 DESC"]
)
```

As consultas permitem extrair insights técnicos, justificar decisões de versionamento e estruturar apresentações técnicas com base em dados reais e auditáveis.

A reprodutibilidade também exige que os dados utilizados estejam acessíveis. Isso pode ser feito versionando os datasets em sistemas como DVC, LakeFS ou Delta Lake, e registrando o hash ou o commit correspondente como tag no MLflow:

python

```
mlflow.set_tag("dvc_commit", "a84f7e3b87a1db1a36e...")
```

Assim, mesmo que os dados não sejam armazenados como artefato, é possível rastrear exatamente quais dados foram utilizados, desde que estejam em repositório versionado externo.

### Resolução de Erros Comuns

Erro: "Results differ from previous run with same parameters"
Causa provável: Ambiente de execução diferente, versão de biblioteca alterada ou dados modificados.
Solução recomendada: Registrar conda.yaml, salvar dataset como artefato ou registrar hash.

Erro: "Run not reproducible due to missing artifact"
Causa provável: Artefato excluído ou bucket de artefatos movido.
Solução recomendada: Garantir backup regular e versionamento de artefatos críticos.

Erro: "Metrics inconsistent after retrain"
Causa provável: Seed aleatória não fixada.
Solução recomendada: Definir random_state ou seed global em todas as execuções.

Erro: "Unclear origin of model in production"
Causa provável: Modelo promovido sem vinculação a run registrada.
Solução recomendada: Vincular modelo ao run ID e adicionar descrição com justificativa técnica.

Erro: "Dataset path changed, breaking retrain process"
Causa provável: Caminho de dados não versionado ou dependente de ambiente local.
Solução recomendada: Usar URIs estáveis ou versionar dados em DVC ou LakeFS.

### Boas Práticas

- Registrar conda.yaml, requirements.txt ou Dockerfile como parte de cada run.

- Salvar o código-fonte utilizado como artefato ou registrar seu hash como tag.

- Versionar dados com ferramentas externas e vincular commit ou URI no MLflow.

- Criar relatórios técnicos automatizados e salvá-los como artefatos da execução.

- Documentar todos os parâmetros, incluindo os não otimizados, para garantir repetição precisa.

### Resumo Estratégico

A reprodutibilidade e a auditoria de experimentos não são detalhes técnicos — são fundamentos da engenharia de Machine Learning confiável. Garantir que uma execução possa ser repetida, explicada, validada e auditada transforma modelos de scripts em ativos operacionais. O MLflow fornece a estrutura para isso, mas é o rigor técnico e a cultura da documentação que tornam essa estrutura efetiva. Em ambientes onde decisões algorítmicas impactam finanças, saúde, justiça ou infraestrutura crítica, não há espaço para modelos opacos ou resultados não verificáveis. Reproduzir é provar. Auditar é proteger. E registrar cada passo é o que separa o experimento amador da operação profissional.

# CAPÍTULO 21. CRIAÇÃO DE EXTENSÕES E PLUGINS

O MLflow, apesar de robusto e completo em sua estrutura base, foi desenhado para ser extensível. Essa característica o torna adaptável a diferentes domínios, arquiteturas e exigências operacionais. A criação de extensões e plugins é a chave para adaptar o MLflow às realidades específicas de cada organização, equipe ou projeto. Com extensões, é possível conectar novos formatos de modelos, integrar com ferramentas proprietárias, criar camadas de automação personalizadas, implementar controles de segurança adicionais ou adicionar validações específicas à lógica do pipeline. Este capítulo apresenta, de forma técnica e aplicada, como estender o MLflow com segurança, modularidade e alinhamento ao Protocolo TECHWRITE 2.2.

A arquitetura do MLflow permite extensão principalmente em três camadas:

- **Flavors (sabores de modelos)**: definição de novos tipos de modelos com seus métodos de log, load e predict.

- **Plugins do CLI (Command Line Interface)**: comandos personalizados que se integram ao terminal mlflow.

- **Custom Python Models (mlflow.pyfunc)**: encapsulamento de lógicas personalizadas para predição, transformação ou controle.

A criação de um novo flavor permite que qualquer framework,

biblioteca ou formato de modelo seja integrado ao MLflow. Isso é útil quando se deseja versionar, registrar e servir modelos construídos com ferramentas fora do ecossistema padrão, como LightGBM, Prophet, CatBoost, H2O, PyCaret ou modelos internos proprietários.

A estrutura básica de um flavor inclui:

- método de logging (log_model)

- método de carregamento (load_model)

- definição de como salvar o artefato

- especificação no arquivo MLmodel

Um flavor é tecnicamente um módulo Python com funções padronizadas e estrutura de diretório esperada.

python

```python
def log_model(model, artifact_path, conda_env=None,
**kwargs):
    # salvar o modelo em disco
    path = os.path.join(artifact_path, "model.mymodel")
    with open(path, "wb") as f:
        f.write(model.serialize())
    mlflow.log_artifact(path, artifact_path)

    # gerar arquivo MLmodel com a especificação
    mlflow_model = Model()
    mlflow_model.add_flavor("my_custom_flavor",
model_file="model.mymodel")
```

```
mlflow_model.save(os.path.join(artifact_path, "MLmodel"))
```

O arquivo MLmodel define o flavor e a forma como o modelo será carregado, garantindo compatibilidade com a interface mlflow models serve.

Criar um plugin de CLI permite que comandos específicos sejam adicionados à linha de comando do MLflow. É possível criar comandos como mlflow lint-model, mlflow validate-data ou mlflow export-stats, que encapsulam lógica interna da organização.

Para isso, é necessário criar um pacote Python com o entry point configurado no setup.py:

python

```
entry_points={
    "mlflow.project_backend": [
        "validate = my_plugins.validate:cli"
    ]
}
```

O comando cli() é então registrado e invocado diretamente pelo terminal MLflow.

A terceira forma — e a mais comum — de extensão é a criação de modelos customizados usando mlflow.pyfunc.PythonModel. Isso permite encapsular qualquer lógica de predição dentro da interface padronizada do MLflow, garantindo compatibilidade com o Registry, deploy REST, exportação Docker e serving em produção.

python

```
import mlflow.pyfunc
```

```python
class MeuModeloWrapper(mlflow.pyfunc.PythonModel):
    def load_context(self, context):
        import joblib
        self.modelo =
joblib.load(context.artifacts["modelo_serializado"])

    def predict(self, context, model_input):
        preprocessado = self.preprocessamento(model_input)
        return self.modelo.predict(preprocessado)

    def preprocessamento(self, dados):
        # lógica de transformação
        return dados
```

O modelo pode ser logado com:

python

```python
mlflow.pyfunc.log_model(
    artifact_path="modelo_pipeline",
    python_model=MeuModeloWrapper(),
    artifacts={"modelo_serializado": "modelo.pkl"}
)
```

Tal padrão é utilziado para aplicar transformações antes da predição, injetar lógica de validação, compor múltiplos modelos em sequência ou integrar com fontes externas no momento da inferência.

Ao criar extensões, é importante documentar o comportamento esperado, os parâmetros aceitos, o ambiente necessário e os efeitos colaterais. Toda extensão deve ter:

- testes automatizados cobrindo entradas válidas e inválidas

- logging estruturado com nível de detalhe configurável

- fail-safe para casos extremos

- isolamento de dependências

Em ambientes corporativos, é recomendável centralizar os plugins em um repositório interno, com versionamento e processo de aprovação. Isso evita o crescimento desorganizado de extensões e garante qualidade técnica.

Outro uso estratégico das extensões é criar validadores personalizados. É possível construir funções que analisem o modelo, o dataset ou o ambiente antes da promoção ao Registry. Isso pode ser integrado como hook em pipelines de CI/CD.

python

```python
def validar_modelo(model_path):
    modelo = joblib.load(model_path)
    if hasattr(modelo, "coef_") and modelo.coef_.sum() == 0:
        raise ValueError("Modelo nulo não pode ser promovido")
```

A função pode ser chamada antes de cada log_model, evitando que modelos com problemas técnicos ou lógicos sejam registrados.

Também é possível criar componentes que validem o ambiente de execução, detectando versões de bibliotecas incompatíveis ou configurações incorretas de hardware.

Em pipelines de deploy, é comum integrar plugins que:

- checam compatibilidade entre entrada do modelo e payload esperado

- validam performance mínima com dados de produção simulados

- calculam métricas éticas, como viés por grupo ou fairness score

- geram documentação técnica automatizada como artefato

As práticas aumentam a confiabilidade do processo e reduzem o retrabalho causado por deploys inseguros ou mal documentados.

### Resolução de Erros Comunss

Erro: "ModuleNotFoundError in custom PythonModel"
Causa provável: Dependência não declarada no conda.yaml.
Solução recomendada: Adicionar todas as bibliotecas ao ambiente de forma explícita.

Erro: "predict() returned NoneType"
Causa provável: Lógica interna sem retorno em todos os caminhos possíveis.
Solução recomendada: Validar cobertura de retorno em todos os ramos da função.

Erro: "Plugin not registered in entry_points"
Causa provável: Falha no setup do pacote Python.
Solução recomendada: Revisar setup.py e garantir correto mapeamento em entry_points.

Erro: "Flavor not recognized" ao servir modelo customizado
Causa provável: Falta de especificação correta no arquivo
MLmodel.
Solução recomendada: Gerar o MLmodel com todos os flavors desejados e apontar para os arquivos corretos.

Erro: "Conda environment not found" ao executar modelo customizado
Causa provável: Execução sem definir conda_env ao logar o modelo.
Solução recomendada: Criar e logar o ambiente com mlflow.pyfunc.log_model(..., conda_env="env.yaml").

## Boas Práticas

- Criar wrappers reutilizáveis para pré-processamento, validação e transformação de entrada.

- Documentar todas as extensões com exemplo de uso, assinatura e escopo funcional.

- Utilizar logs detalhados com logging e separação por nível (INFO, WARNING, ERROR).

- Isolar dependências dos plugins em ambientes Conda específicos, evitando conflitos.

- Testar extensões com dados reais e simulações de falha antes de uso em produção.

## Resumo Estratégico

A criação de extensões e plugins no MLflow é a ponte entre a plataforma genérica e a realidade operacional de cada organização. Ao estender o MLflow, times técnicos podem adaptar o ciclo de vida de modelos aos seus próprios requisitos de negócio, compliance e arquitetura. Isso transforma o MLflow em uma plataforma viva, que cresce com a maturidade da equipe e a complexidade dos desafios. Plugins bem construídos aumentam a produtividade, reduzem erros, impõem padrões e criam inteligência operacional reutilizável. Extensibilidade não é sobre adicionar complexidade — é sobre escalar controle, adaptabilidade e valor. E quando isso é feito com rigor técnico, cada extensão se torna um acelerador de confiança e consistência no ciclo de vida dos modelos.

# CAPÍTULO 22. INTEGRAÇÃO COM SPARK E BIG DATA

Projetos de Machine Learning que operam sobre grandes volumes de dados exigem arquiteturas compatíveis com processamento distribuído, paralelização de tarefas e escalabilidade horizontal. O Apache Spark é o principal motor de processamento para essas demandas, oferecendo suporte nativo a pipelines de dados, transformações em larga escala e algoritmos de aprendizado de máquina com execução distribuída. Integrar o MLflow ao Spark e a ambientes de Big Data permite rastrear experimentos, versionar modelos e operacionalizar soluções sem comprometer a performance ou a governança.

A integração do MLflow com Spark pode ser realizada em diferentes níveis:

- rastreamento de experimentos que utilizam Spark MLlib ou algoritmos customizados com RDDs e DataFrames

- registro e versionamento de modelos gerados com MLlib (mlflow.spark.log_model)

- execução de projetos com mlflow run sobre clusters Spark via spark-submit

- encapsulamento de pré-processamento e transformação distribuída com PySpark em modelos pyfunc

- logging de métricas distribuídas em pipelines de dados

escaláveis

Ao utilizar o Spark como motor de treinamento, é fundamental garantir que o contexto de execução esteja conectado ao MLflow Tracking Server, para que cada execução seja registrada corretamente mesmo em clusters gerenciados, como Databricks, EMR, GCP Dataproc ou Azure Synapse.

python

```python
from pyspark.sql import SparkSession
import mlflow
import mlflow.spark


spark = SparkSession.builder.appName("modelo_risco_credito").getOrCreate()
mlflow.set_tracking_uri("http://mlflow.seu-dominio.com")
mlflow.set_experiment("credito_bigdata")


with mlflow.start_run():
    df = spark.read.parquet("s3://dados/credito_historico")


    from pyspark.ml.feature import VectorAssembler
    from pyspark.ml.classification import RandomForestClassifier


    assembler = VectorAssembler(inputCols=["idade", "renda", "score"], outputCol="features")
    dados = assembler.transform(df)
```

```
modelo = RandomForestClassifier(labelCol="inadimplente",
featuresCol="features")
modelo_treinado = modelo.fit(dados)


mlflow.spark.log_model(modelo_treinado,
"modelo_rf_spark")
mlflow.log_param("numTrees", modelo.getNumTrees())
mlflow.log_param("maxDepth", modelo.getMaxDepth())
```

O código registra não apenas o modelo, mas também os parâmetros e o artefato treinado, que será serializado no formato do MLlib e poderá ser recarregado posteriormente com mlflow.spark.load_model.

O modelo salvo pode ser reutilizado para scoring em batch sobre dados distribuídos:

python

```
modelo_carregado = mlflow.spark.load_model("runs:/
<run_id>/modelo_rf_spark")
resultado = modelo_carregado.transform(novos_dados)
```

O resultado pode ser salvo diretamente em sistemas de arquivos distribuídos:

python

```
resultado.write.mode("overwrite").parquet("s3://saida/
predicoes_20250420")
```

A execução de pipelines Spark pode ser registrada via MLflow Projects, com uso de spark-submit no entry_point do manifesto:

yaml

```
name: modelo_spark_pipeline

entry_points:
  main:
    parameters:
      input_path: {type: str}
      output_path: {type: str}
    command: >
      spark-submit pipeline.py --input {input_path} --output
{output_path}
```

O projeto pode ser executado com:

bash

```
mlflow run . -P input_path=s3://dados/entrada -P
output_path=s3://resultados/predicoes
```

Com tal padrão, permite-se que pipelines complexas sejam reexecutadas com rastreamento automático, controle de parâmetros e versionamento de código.

Outra estratégia importante é encapsular transformações Spark dentro de modelos pyfunc, para que o pré-processamento possa ser reutilizado no deploy. Isso é útil quando parte da lógica do modelo depende de pipelines distribuídas ou normalizações específicas.

python

```python
import mlflow.pyfunc
from pyspark.sql import DataFrame


class ModeloSparkWrapper(mlflow.pyfunc.PythonModel):
    def load_context(self, context):
        self.spark = SparkSession.builder.getOrCreate()
        self.modelo =
mlflow.spark.load_model(context.artifacts["modelo_spark"])


    def predict(self, context, model_input):
        df_spark = self.spark.createDataFrame(model_input)
        return self.modelo.transform(df_spark).toPandas()
["prediction"]


mlflow.pyfunc.log_model(
    artifact_path="modelo_wrapper",
    python_model=ModeloSparkWrapper(),
    artifacts={"modelo_spark": "runs:/<run_id>/
modelo_rf_spark"}
)
```

O modelo pode ser servido via mlflow models serve, recebendo inputs em formato Pandas e aplicando transformações Spark no backend.

O monitoramento de pipelines distribuídas também pode ser integrado ao MLflow por meio de logs de métricas personalizados:

python

```
mlflow.log_metric("linhas_processadas", df.count())

mlflow.log_metric("tempo_treino",
tempo_execucao.total_seconds())
```

As métricas podem ser coletadas e comparadas entre execuções, permitindo análises de desempenho, eficiência e custo por batch.

Em ambientes como Databricks, o MLflow já vem integrado nativamente ao Spark, permitindo que qualquer notebook ou job distribuído registre automaticamente seus experimentos, sem necessidade de configuração adicional.

### Resolução de Erros Comuns

Erro: "No tracking URI set" ao usar Spark standalone
Causa provável: Ambiente Spark não configurado com URI do MLflow.
Solução recomendada: Definir mlflow.set_tracking_uri no início da sessão Spark.

Erro: "Model not serializable" ao tentar logar pipeline
Causa provável: Pipeline Spark contém transformações customizadas não suportadas.
Solução recomendada: Verificar se todas as etapas do pipeline são serializáveis e compatíveis com MLlib.

Erro: "SparkSession not found" ao servir modelo
Causa provável: Modelo pyfunc espera contexto Spark mas está sendo executado em ambiente local.
Solução recomendada: Configurar ambiente de deploy com Spark ou encapsular lógica em Pandas.

Erro: "Out of memory" ao aplicar transformações em grandes volumes

Causa provável: Conversão desnecessária de DataFrame Spark para Pandas.

Solução recomendada: Manter processamento em Spark sempre que possível e evitar .toPandas().

Erro: "Missing JAR" ao executar spark-submit com MLlib

Causa provável: Ambiente sem bibliotecas padrão do MLlib.

Solução recomendada: Usar container ou cluster com imagem Spark completa, incluindo dependências de MLlib.

### Boas Práticas

- Versionar todos os scripts utilizados no pipeline Spark e logá-los como artefato.

- Garantir que cada execução Spark seja rastreada com ID único e associada ao projeto correspondente.

- Utilizar VectorAssembler e Pipeline do MLlib para encapsular transformações com compatibilidade.

- Armazenar métricas de execução, tempo de processamento e volume de dados como parte do contexto da run.

- Integrar jobs Spark com MLflow via Airflow, Prefect ou Databricks Jobs para agendamento e repetição controlada.

### Resumo Estratégico

Integrar o MLflow com Spark e ambientes de Big Data é essencial para projetos que lidam com volume, variedade e velocidade. Essa integração permite que experimentos sejam rastreados mesmo em pipelines distribuídas, que modelos sejam versionados mesmo com lógica paralela e que predições em larga escala possam ser auditadas e otimizadas. O MLflow torna o ciclo de vida de modelos em Spark tão rastreável quanto em ambientes locais, sem perder a elasticidade do processamento. Quando bem implementada, a integração transforma um cluster distribuído em uma plataforma de experimentação contínua, onde cada linha processada gera aprendizado, controle e valor. Escalar com rastreabilidade é a essência da maturidade em Machine Learning moderno.

# CAPÍTULO 23. OTIMIZAÇÃO DE HIPERPARÂMETROS

A escolha dos hiperparâmetros corretos pode determinar o sucesso ou o fracasso de um modelo de Machine Learning. Mesmo com bons dados e um algoritmo adequado, configurações ineficazes de hiperparâmetros podem levar a modelos com desempenho inferior, baixa generalização ou tempo de treinamento excessivo. A otimização de hiperparâmetros é o processo sistemático de testar diferentes combinações de parâmetros com o objetivo de maximizar uma métrica-alvo, garantindo ao modelo a melhor performance possível em um determinado conjunto de dados. O MLflow oferece suporte robusto para gerenciar, rastrear e comparar essas execuções, permitindo que o processo seja eficiente, reprodutível e auditável.

Hiperparâmetros são diferentes de parâmetros internos do modelo. Eles não são aprendidos durante o treinamento, mas definidos previamente. Exemplos comuns incluem:

- profundidade máxima de árvores em modelos baseados em árvores

- taxa de aprendizado em algoritmos de otimização

- número de estimadores em ensembles

- função de perda ou penalidade

- critérios de divisão em árvores de decisão

- número de neurônios ou camadas em redes neurais

A estratégia mais ingênua para otimização é o grid search, onde todas as combinações possíveis de um conjunto fixo de valores são testadas. Embora simples, essa abordagem é altamente custosa computacionalmente e não escala bem com múltiplos hiperparâmetros. Alternativas mais eficientes incluem:

- random search: combinações aleatórias dentro de um espaço definido

- bayesian optimization: uso de funções probabilísticas para estimar a melhor região do espaço

- algoritmos evolutivos: mutações e seleções iterativas com base em performance

- early stopping: interrupção de execuções com baixo desempenho parcial

- métodos baseados em aprendizado, como Hyperband e BOHB

A integração do MLflow com ferramentas de otimização permite registrar automaticamente cada execução com seus respectivos hiperparâmetros, métricas e artefatos, facilitando a análise posterior e a seleção da melhor combinação.

Um padrão básico de integração envolve executar múltiplas runs do MLflow, cada uma com um conjunto diferente de hiperparâmetros:

python

```
import mlflow

from sklearn.ensemble import RandomForestClassifier
```

```
from sklearn.metrics import f1_score

parametros = [
    {"max_depth": 4, "n_estimators": 100},
    {"max_depth": 6, "n_estimators": 200},
    {"max_depth": 8, "n_estimators": 150}
]

for param in parametros:
    with mlflow.start_run():
        modelo = RandomForestClassifier(
            max_depth=param["max_depth"],
            n_estimators=param["n_estimators"]
        )
        modelo.fit(X_train, y_train)
        pred = modelo.predict(X_test)
        score = f1_score(y_test, pred)

        mlflow.log_params(param)
        mlflow.log_metric("f1_score", score)
        mlflow.sklearn.log_model(modelo, "modelo_rf")
```

Cada execução será registrada com os valores testados e a métrica resultante, permitindo ordenação e análise comparativa.

Para cenários mais complexos, é comum utilizar bibliotecas como:

- scikit-learn com GridSearchCV ou RandomizedSearchCV

- Optuna com busca bayesiana e pruning automático

- Hyperopt com definições de espaço de busca e trials paralelos

- Ray Tune para execução distribuída de experimentos

- Ax da Meta (Facebook) para otimização adaptativa

A integração do MLflow com essas bibliotecas pode ser feita por meio de callbacks ou wrappers customizados. O Optuna, por exemplo, possui integração nativa com MLflow:

python

```python
import optuna
import mlflow


def objetivo(trial):
    n_estimators = trial.suggest_int("n_estimators", 50, 300)
    max_depth = trial.suggest_int("max_depth", 4, 12)


    modelo = RandomForestClassifier(n_estimators=n_estimators, max_depth=max_depth)
    modelo.fit(X_train, y_train)
    score = f1_score(y_test, modelo.predict(X_test))
```

```
mlflow.log_param("n_estimators", n_estimators)
mlflow.log_param("max_depth", max_depth)
mlflow.log_metric("f1_score", score)

return score


optuna.integration.mlflow.track_integration()
study = optuna.create_study(direction="maximize")
study.optimize(objetivo, n_trials=30)
```

O processo cria uma run do MLflow para cada trial do Optuna, com rastreamento completo.

O uso de mlflow.log_params() e mlflow.log_metric() garante que todas as execuções sejam organizadas e comparáveis na interface do MLflow, permitindo navegação por filtros, ordenação por métrica e visualização gráfica da evolução das execuções.

Além disso, cada execução pode salvar os artefatos intermediários — como matriz de confusão, curvas ROC ou logs de validação — facilitando a auditoria e o diagnóstico.

Outro padrão útil é agrupar os experimentos por parent run, utilizando nested=True. Isso permite que todas as execuções de uma otimização fiquem agrupadas sob uma única run-mãe.

python

```
with mlflow.start_run() as parent:
    for param in combinacoes:
```

```
with mlflow.start_run(nested=True):
    # lógica de treino e log
```

A prática descrita, facilita a análise posterior, permitindo rastrear todas as execuções de uma única campanha de otimização.

A escolha da métrica-alvo também é crítica. Em alguns projetos, métricas como acurácia podem ser enganosas. É recomendável utilizar métricas que reflitam o impacto real do modelo no negócio, como:

- F1 para problemas desbalanceados

- ROC AUC para avaliação de discriminação

- LogLoss para calibração

- custo estimado por erro, quando há peso por tipo de erro

Outro aspecto importante é o uso de validação cruzada durante o processo de otimização, para evitar overfitting nos dados de teste e garantir que o modelo generalize bem.

python

```
from sklearn.model_selection import cross_val_score


score = cross_val_score(modelo, X, y, cv=5, scoring="f1").mean()
mlflow.log_metric("f1_cv", score)
```

Com múltiplos experimentos registrados, é possível utilizar o MlflowClient para selecionar o melhor modelo:

python

```
from mlflow.tracking import MlflowClient


client = MlflowClient()
runs = client.search_runs(experiment_ids=["1"],
order_by=["metrics.f1_score DESC"])
melhor_run = runs[0]
print(melhor_run.data.params, melhor_run.data.metrics)
```

O modelo pode ser carregado diretamente e usado para inferência ou ser promovido para produção via Registry.

### Resolução de Erros Comuns

Erro: "ResourceExhaustedError" durante otimização
Causa provável: Número excessivo de execuções simultâneas.
Solução recomendada: Limitar n_trials paralelos ou utilizar execução distribuída com Ray ou Dask.

Erro: "No best model found"
Causa provável: Todas as execuções falharam ou geraram erro durante o fit.
Solução recomendada: Verificar espaço de busca e adicionar tratamento de exceções durante o trial.

Erro: "Tracking URI not set"
Causa provável: Execução em ambiente sem mlflow.set_tracking_uri().
Solução recomendada: Garantir definição da URI antes de iniciar os trials.

Erro: "Duplicate param key"
Causa provável: Mesmo parâmetro sendo logado múltiplas vezes.

Solução recomendada: Consolidar os parâmetros antes de chamar log_params.

Erro: "Run not found when promoting best model"
Causa provável: run_id não salvo corretamente ou run deletada.
Solução recomendada: Salvar o run_id vencedor e protegê-lo contra exclusão automática.

### Boas Práticas

- Usar validação cruzada como métrica durante a otimização para maior robustez.

- Registrar todos os hiperparâmetros relevantes, mesmo que fixos, para facilitar comparação futura.

- Agrupar otimizações por projeto, tarefa ou versão de dataset com tags e nomes claros.

- Evitar hardcodes nos scripts de treino, permitindo configuração por parâmetros externos.

- Incluir métricas de tempo de treino e memória como parte da avaliação.

### Resumo Estratégico

A otimização de hiperparâmetros é um pilar fundamental da engenharia de modelos robustos, escaláveis e competitivos. O MLflow permite que esse processo deixe de ser caótico, empírico ou opaco, e se torne estruturado, rastreável e auditável. Cada execução registrada é uma unidade de aprendizado técnico. Cada métrica salva é um ponto de decisão. Quando bem integrada, a otimização vira um motor contínuo de evolução de modelos, onde cada tentativa é documentada e cada melhoria é validada. Em times maduros, a escolha de hiperparâmetros não é arte

— é engenharia orientada por dados, respaldada por processos confiáveis, versionados e reprodutíveis. O MLflow transforma tentativa e erro em ciclo sistemático de melhoria algorítmica.

# CAPÍTULO 24. ANÁLISE DE RISCOS E PLANOS DE CONTINGÊNCIA

Modelos de Machine Learning, quando colocados em produção, operam sob condições imprevisíveis. Mudanças no comportamento dos dados, falhas de infraestrutura, erros de predição, instabilidades em integrações e até manipulações maliciosas podem comprometer o desempenho, a confiança e a continuidade operacional. Em ambientes críticos, como finanças, saúde, segurança ou infraestrutura, esses riscos não são meras possibilidades — são ameaças reais que precisam ser identificadas, quantificadas e mitigadas com antecedência. A análise de riscos e a definição de planos de contingência são componentes indispensáveis de qualquer estratégia robusta de MLOps. O MLflow, ao estruturar o ciclo de vida dos modelos com rastreabilidade e versionamento, é uma ferramenta central para suportar esses processos de prevenção, resposta e recuperação.

A análise de riscos em projetos de Machine Learning pode ser organizada em quatro grandes categorias:

- **riscos técnicos** — falhas de código, drift, overfitting, bugs em pipeline, perda de reprodutibilidade

- **riscos operacionais** — indisponibilidade de endpoints, lentidão de resposta, queda de serviços auxiliares

- **riscos de dados** — vazamento de informações sensíveis, inputs inconsistentes, mudanças na distribuição, ausência de atualizações

- **riscos de negócio** — impacto negativo em KPIs, decisões erradas, prejuízo reputacional, efeito discriminatório

Cada uma dessas categorias exige mecanismos distintos de detecção, resposta e mitigação. Um plano de contingência técnico precisa abranger desde rollback automático de modelos até ativação de backups e revalidação forçada.

O primeiro passo na estruturação de planos de contingência é a identificação dos pontos críticos do pipeline. Quais são os componentes cuja falha compromete o resultado final? Quais dependem de serviços externos? Onde há risco de entrada de dados inválidos ou desatualizados?

A partir desse mapeamento, define-se a matriz de riscos com três variáveis:

- probabilidade de ocorrência

- impacto estimado no sistema

- tempo estimado para recuperação (TTR)

Um risco com alta probabilidade e alto impacto exige plano de contingência imediato. Um risco de baixo impacto, mas alta frequência, pode justificar automações para contenção.

O MLflow auxilia essa estrutura ao garantir:

- rastreamento de todas as execuções com contexto técnico

- versionamento de modelos com rollback simples por estágio

- logging de métricas e parâmetros que permitem identificar degradação

- auditabilidade completa em caso de incidentes

Em termos técnicos, o primeiro risco a ser controlado é o de drift não detectado. Um modelo pode estar em produção, respondendo normalmente, mas sua performance estar deteriorando gradualmente por causa de mudanças nos dados de entrada. A detecção de data drift e concept drift precisa fazer parte do monitoramento contínuo. Em caso de detecção, o plano de contingência pode ser:

- congelar o deploy atual

- notificar time técnico

- promover modelo alternativo previamente validado

- forçar revalidação com amostra real de produção

Outro risco comum é a quebra do pipeline de predição. Isso pode ocorrer por:

- timeout de serviços auxiliares

- falta de sincronização entre versões de APIs

- erro no carregamento do modelo ou dependências

- corrupção do modelo ou dos artefatos

Nesses casos, o plano de contingência precisa ser automático. Pode envolver:

- fallback para modelo anterior (última versão estável)

- retorno de resposta default parametrizável

- registro do incidente e pausa do fluxo de inferência

- escalonamento para análise manual

O MLflow oferece suporte ao fallback via versionamento de modelos no Model Registry. Um script pode ser executado automaticamente para rebaixar o modelo atual e restaurar o último modelo em Production que passou por testes críticos.

python

```
from mlflow.tracking import MlflowClient


client = MlflowClient()
versoes =
client.search_model_versions("name='modelo_fraude'")
versoes_prod = [v for v in versoes if v.current_stage ==
"Production"]
if not passou_teste(v_atual):
    client.transition_model_version_stage("modelo_fraude",
version=v_atual, stage="Archived")
    client.transition_model_version_stage("modelo_fraude",
version=versoes_prod[-1], stage="Production")
```

Este modelo script pode ser acionado por webhook, scheduler ou evento detectado no monitoramento.

Outro risco crítico é a ausência de reprodutibilidade no momento da análise de incidentes. Quando um erro grave ocorre, a equipe precisa ser capaz de reexecutar o modelo com os mesmos dados, código e parâmetros da execução original. Isso só é possível se o MLflow estiver configurado corretamente com logging de artefatos, código e ambiente.

python

```
mlflow.log_artifact("dataset_amostra.csv")
mlflow.log_artifact("codigo_inferencia.py")
mlflow.set_tag("versao_pipeline", "v3.2.1")
```

Caso o incidente seja causado por uma regressão na performance, é possível comparar rapidamente as execuções anteriores usando o client do MLflow:

python

```
runs = client.search_runs(experiment_ids=["5"],
order_by=["metrics.auc DESC"])
for run in runs:
    print(run.info.run_id, run.data.metrics["auc"])
```

Se um modelo mais antigo demonstrar performance superior, ele pode ser restaurado com um único comando, reduzindo o tempo de indisponibilidade.

Além da performance, riscos éticos e regulatórios também precisam ser considerados. Um modelo que começa a discriminar sistematicamente determinados grupos pode causar consequências jurídicas. É fundamental aplicar testes de fairness e impacto segmentado periodicamente. O plano de contingência inclui:

- suspensão do modelo

- revisão de features utilizadas

- explicabilidade forçada com SHAP, LIME ou técnicas integradas

- documentação de impacto e proposta de mitigação

Outro tipo de risco comum é o de descontinuidade no treinamento automático. Em pipelines que rodam diariamente ou semanalmente, qualquer falha pode deixar o sistema desatualizado. O plano de contingência pode incluir:

- alarme em caso de falha no retraining

- fallback automático para o modelo do dia anterior

- travamento de deploy em caso de ausência de validação

É importante registrar as datas de execução como tags no MLflow para facilitar inspeção:

python

```python
mlflow.set_tag("data_execucao", datetime.today().strftime("%Y-%m-%d"))
```

Além disso, falhas de armazenamento também precisam ser contempladas. Perda de acesso ao bucket de artefatos pode comprometer o carregamento do modelo ou dos pré-processadores. O plano de contingência exige:

- replicação de artefatos em múltiplas zonas

- monitoramento de acesso a buckets

- fallback local ou rede secundária

### Resolução de Erros Comuns

Erro: "Prediction service returns 500"

Causa provável: Corrupção de modelo, erro de dependência ou ausência de recurso.
Solução recomendada: Registrar último modelo válido e aplicar rollback automático.

Erro: "Performance degradation detected too late"
Causa provável: Falta de monitoramento de métricas pós-deploy.
Solução recomendada: Implementar sistema de coleta de ground truth e comparação automatizada.

Erro: "Falha em reprocessar execução para análise de incidente"
Causa provável: Código ou dados da run original não foram versionados.
Solução recomendada: Salvar artefatos críticos como parte da run e documentar hash do código-fonte.

Erro: "Fairness violation"
Causa provável: Modelo treinado em dados enviesados, não testado em segmentos.
Solução recomendada: Implementar análise segmentada obrigatória e travamento de deploy com disparidade superior a limite técnico.

Erro: "Deploy sem validação estatística"
Causa provável: Falha na etapa de testes automatizados do pipeline.
Solução recomendada: Criar camada de validação independente com critérios mínimos de promoção.

## Boas Práticas

- Criar matriz de risco com impacto, probabilidade e tempo de recuperação.

- Definir planos de contingência específicos para cada risco identificado.

- Automatizar rollback de modelos com base em métricas

reais.

- Registrar código, dataset e configuração de ambiente como parte de toda run.

- Testar periodicamente os planos de recuperação para validar viabilidade.

### Resumo Estratégico

A análise de riscos e a definição de planos de contingência não são etapas opcionais — são exigências técnicas em qualquer operação séria de Machine Learning. O MLflow, ao estruturar cada execução com rastreabilidade e versionamento, fornece a base para detectar, responder e aprender com incidentes. Contar com planos bem definidos significa evitar prejuízos, manter confiança, acelerar correções e fortalecer a maturidade técnica da organização. Em ambientes críticos, prever falhas é tão importante quanto construir soluções. E registrar cada passo é o que transforma reação em aprendizado permanente. Risco não é erro — é oportunidade de se antecipar com engenharia real.

# CAPÍTULO 25. CHECKLIST FINAL PARA PROJETOS EM MLFLOW

Finalizar um projeto de Machine Learning com segurança e qualidade requer mais do que obter uma boa métrica de avaliação. É necessário garantir que cada etapa do processo foi registrada, versionada, validada e documentada. O MLflow, ao centralizar o ciclo de vida dos modelos, exige um padrão de execução que vá além do código e do modelo. Apresentaremos um checklist técnico final, validando os principais aspectos operacionais, funcionais, reprodutíveis e estratégicos que todo projeto estruturado em MLflow deve atender antes de ser considerado completo e pronto para uso em produção, auditoria, reuso ou escalonamento.

O checklist final é composto por cinco blocos principais:

- rastreabilidade completa

- reprodutibilidade técnica

- operacionalização segura

- governança e documentação

- preparação para escala e manutenção

## 1. Rastreabilidade completa

Todo projeto deve garantir que cada execução pode ser rastreada em detalhes, incluindo parâmetros, métricas, artefatos, versão do código e origem dos dados.

- todos os parâmetros foram registrados com mlflow.log_param() ou log_params()?

- todas as métricas relevantes foram registradas com mlflow.log_metric() ou log_metrics()?

- o modelo foi logado com mlflow.log_model() e vinculado a um flavor compatível?

- o código-fonte utilizado está salvo como artefato ou teve seu hash registrado como tag?

- os dados de entrada (dataset de treino, teste ou validação) foram versionados ou armazenados como artefatos?

- o ambiente de execução (conda.yaml ou Dockerfile) foi logado junto com o modelo?

## 2. Reprodutibilidade técnica

É essencial que qualquer pessoa técnica consiga repetir a execução original e obter o mesmo resultado, independentemente da máquina ou ambiente.

- foi utilizado mlflow run com MLproject e parâmetros definidos?

- há registro do commit Git ou ID do pipeline associado à run?

- todos os arquivos dependentes estão contidos no projeto ou acessíveis via URI versionada?

- o mesmo ambiente (conda.yaml) consegue ser recriado a partir da run registrada?

- seeds aleatórias foram fixadas e registradas como parâmetros?

## 3. Operacionalização segura

O modelo está apto a ser implantado em ambiente produtivo, com suporte a validação, rollback, observabilidade e performance estável.

- o modelo foi registrado no MLflow Model Registry com descrição, estágio e comentários?

- há teste de validação funcional após o deploy?

- está disponível um modelo anterior validado para fallback?

- o payload de entrada esperado foi documentado e testado?

- foi realizado teste de stress ou carga sobre o endpoint com o modelo ativo?

- métricas de produção (tempo de resposta, erros, volume) estão sendo coletadas?

## 4. Governança e documentação

O projeto pode ser auditado, apresentado a stakeholders ou replicado em outros contextos com base nas evidências registradas.

- autor(es) e data da execução final estão registrados como tags?

- finalidade da run foi documentada com mlflow.set_tag("finalidade", "...")?

- há relatório técnico salvo como artefato com métricas e justificativas do modelo?

- foram registradas limitações, premissas e condições de uso do modelo?

- análises de fairness, segmentação ou viés foram executadas e salvas?

- todos os modelos promovidos para produção estão vinculados a execuções rastreáveis?

## 5. Preparação para escala e manutenção

O projeto está preparado para retraining, adaptação, reuso em outras tarefas e expansão para múltiplas versões ou contextos.

- os scripts estão parametrizados e organizados para automação em pipelines?

- a estrutura do projeto está compatível com execução em múltiplas runs simultâneas?

- modelos anteriores estão arquivados com versionamento e documentação mínima?

- a frequência de reexecução do projeto está definida (retraining semanal, mensal, etc)?

- o modelo suporta extensão para novos dados ou variáveis?

- há scripts auxiliares para limpeza, backup e auditoria periódica?

Exemplo de estrutura mínima esperada ao final de um projeto:

- MLproject: manifesto com parâmetros e ambiente definidos

- conda.yaml: ambiente de execução versionado

- treino.py: script principal de treinamento com logging integrado

- avaliacao.py: script de validação final e geração de artefatos complementares

- /outputs/: artefatos de avaliação, imagens, logs, métricas auxiliares

- README.md: explicação do projeto, como executar e o que está incluído

- relatorio_final.pdf: documento técnico com métricas, arquitetura do modelo, limitações e plano de deploy

- run_id final: salvo e documentado como referência da versão de produção

### Resolução de Erros Comuns

Erro: "Deploy feito com modelo não rastreável"
Causa provável: Modelo logado fora do controle do MLflow ou sem associação a uma run.
Solução recomendada: Padronizar deploys exclusivamente com modelos registrados no Registry com descrição e origem técnica.

Erro: "Reexecução falha por falta de dependência"
Causa provável: Ambiente conda.yaml não foi salvo ou está incompleto.
Solução recomendada: Usar mlflow.create_conda_env() ou exportar ambiente completo com conda env export.

Erro: "Métricas inconsistentes com validação anterior"
Causa provável: Dados utilizados não estão versionados ou foram alterados.
Solução recomendada: Salvar datasets como artefato ou usar ferramenta externa de versionamento como DVC.

Erro: "Modelo implantado sem fallback"
Causa provável: Versão anterior não registrada corretamente no Registry.
Solução recomendada: Sempre manter ao menos uma versão anterior validada em Staging.

Erro: "Projeto não executa fora do notebook"
Causa provável: Scripts com dependência de contexto interativo ou variáveis globais.
Solução recomendada: Encapsular lógica em scripts com interface por parâmetros e entrada controlada.

## Boas Práticas

- Utilizar uma run final como referência oficial do projeto, com todas as evidências registradas.

- Manter o código modularizado com separação entre treino, avaliação e deploy.

- Validar todos os arquivos necessários para reexecução com hash e registrar como tag.

- Automatizar a geração de relatórios técnicos com templates integrados ao pipeline.

- Revisar os nomes de parâmetros, métricas e tags para consistência e clareza.

## Resumo Estratégico

O checklist final não é uma formalidade — é uma blindagem operacional. Ele garante que um projeto entregue por uma pessoa hoje possa ser reaproveitado, revalidado, escalado ou auditado por qualquer outro membro da equipe amanhã. Com o MLflow como infraestrutura de rastreamento, a responsabilidade técnica por cada decisão torna-se visível, documentada e confiável. O rigor na entrega final transforma protótipos em ativos institucionais. E o checklist é o instrumento que consolida essa transformação. Modelos vêm e vão. Mas um projeto bem documentado, completo e reproduzível sustenta o crescimento, protege a operação e constrói uma cultura de excelência. No final, o que diferencia projetos técnicos maduros não é apenas o que entregam — é como entregam.

# CONCLUSÃO FINAL

Ao longo desta obra, percorremos uma jornada estruturada e intensiva pelo universo do MLflow, abordando de maneira progressiva, aplicada e altamente técnica todos os elementos fundamentais e avançados para a implementação, gerenciamento e evolução de pipelines de machine learning em ambientes profissionais. Agora, ao chegar ao encerramento, é fundamental consolidar as principais lições absorvidas, revisar com clareza a contribuição estratégica de cada capítulo e preparar o leitor para aplicar, expandir e sustentar o conhecimento adquirido de maneira contínua e eficiente.

Iniciamos no **Capítulo 1** com uma visão geral do MLflow, esclarecendo seu propósito como uma plataforma de código aberto voltada à gestão de ciclos de vida de modelos de machine learning. Foram apresentados seus quatro componentes principais — Tracking, Projects, Models e Registry — com foco na integração fluida entre desenvolvimento, validação, reprodutibilidade e implantação. O capítulo destacou a importância de compreender o papel do MLflow como eixo de centralização técnica, promovendo consistência e rastreabilidade desde os primeiros experimentos até o deploy final.

No **Capítulo 2**, mergulhamos nos fundamentos do gerenciamento de modelos, apresentando as práticas que sustentam a rastreabilidade, versionamento e governança sobre modelos em ML. Foi discutida a relevância de registrar artefatos, parâmetros, métricas e ambientes para criar uma linha do tempo audível e auditável de experimentação. O domínio dessas práticas reforça a capacidade de replicar, comparar e justificar resultados com rigor técnico.

O **Capítulo 3** detalhou a arquitetura e os componentes internos do MLflow, expondo a lógica operacional por trás dos módulos, suas interconexões e a forma como se integram a workflows externos. O entendimento da estrutura client-server, APIs RESTful, e compatibilidade com plataformas como Databricks e Kubernetes contribui diretamente para a construção de ambientes robustos, escaláveis e preparados para produção real.

A instalação e configuração do ambiente foram abordadas no **Capítulo 4**, onde foi priorizado um setup seguro, eficiente e modular. Foram detalhadas diferentes formas de execução — local, remota e em containers —, sempre considerando variáveis de sistema, persistência de dados e segurança no armazenamento. Esta base sólida é crítica para evitar erros recorrentes e garantir estabilidade no desenvolvimento.

No **Capítulo 5**, exploramos o tracking de experimentos com profundidade, detalhando como utilizar o mlflow.log_param, mlflow.log_metric e os comandos para visualizar runs via interface web e API. O uso adequado do tracking permite capturar o histórico de testes de forma estruturada, fomentando análise comparativa e evolução técnica dos modelos em desenvolvimento.

O **Capítulo 6** concentrou-se na manipulação de artefatos e recursos, discutindo estratégias para organizar arquivos relevantes como scripts, datasets, modelos treinados e gráficos. A correta gestão de artefatos é um dos pilares da rastreabilidade técnica, sendo fundamental para garantir que cada execução esteja documentada e acessível.

No **Capítulo 7**, abordamos o uso de MLProjects como padrão de empacotamento e portabilidade para experimentos. O uso do MLproject como manifesto organizacional permite que projetos possam ser executados em múltiplos ambientes com consistência. Esse capítulo reforçou práticas de modularidade e reprodutibilidade no desenvolvimento.

O **Capítulo 8** introduziu o conceito de MLflow Models, explicando os formatos de serialização, suporte a múltiplas linguagens (Python, R, Java), e integração com ferramentas como PyFunc, TensorFlow e H2O. Também foram detalhadas estratégias de logging e deployment para facilitar a transição do ambiente de treino ao de produção.

No **Capítulo 9**, exploramos o registry de modelos como estrutura central para governança, versionamento e aprovação formal de modelos. Foram descritos os ciclos de staging, production e archived, bem como políticas de promoção e rollback. Esse controle é essencial para times que operam em ambientes colaborativos com múltiplas versões de modelos.

O **Capítulo 10** apresentou a integração com pipelines de CI/CD, destacando a importância de conectar MLflow a ferramentas como GitHub Actions, GitLab CI, Jenkins e Azure DevOps. Ao inserir o MLflow dentro de pipelines automatizados, garantimos entrega contínua, testes robustos e revalidação sistemática dos modelos conforme novas versões são propostas.

No **Capítulo 11**, tratamos da visualização e análise de métricas com MLflow UI e APIs. A análise visual em tempo real das métricas ajuda na identificação de overfitting, underfitting e tendências de erro, promovendo uma cultura orientada a dados e embasamento quantitativo para decisões de engenharia.

O **Capítulo 12** abordou engenharia de features e pré-processamento, conectando práticas clássicas de transformação de dados à rastreabilidade no MLflow. A correta serialização de etapas de preprocessamento em pipelines completos é indispensável para evitar divergências entre treino e inferência.

O **Capítulo 13** discutiu segurança e controle de acesso, com foco em autenticação, autorização, isolamento de ambientes e criptografia de dados. Em um cenário de múltiplos usuários e ambientes regulados, o capítulo reforçou a necessidade de aplicar princípios de Zero Trust e práticas alinhadas à LGPD e GDPR.

A escalabilidade de armazenamento foi o foco do **Capítulo 14**, que apresentou boas práticas para utilizar backends remotos como Amazon S3, Google Cloud Storage, Azure Blob e sistemas distribuídos locais com MinIO. Com o crescimento dos experimentos e modelos, a arquitetura de dados se torna um fator crítico para desempenho e confiabilidade.

No **Capítulo 15**, a integração com cloud providers ganhou destaque, com explicações sobre deploys automatizados e persistência de registros em ambientes multicloud. Esse capítulo consolidou práticas para times que desejam adotar infraestrutura como serviço e escalar recursos de forma inteligente.

O **Capítulo 16** trouxe um enfoque completo no deploy de modelos em produção, cobrindo servidores REST, integração com Flask, Docker, Kubernetes, e ferramentas como SageMaker. Foram discutidos requisitos técnicos, validações, checkpoints de segurança e rollback.

**Capítulo 17**, aqui abordamos monitoramento e pós-implantação, demonstrando como instrumentar aplicações com Prometheus, Grafana e sistemas de logging para capturar métricas de latência, falhas, uso de recursos e drifts de inferência. Essa visibilidade operacional é essencial para garantir modelos performáticos e seguros ao longo do tempo.

**Capítulo 18**, trouxe casos de uso reais em grandes ambientes, como bancos, telecoms, healthcare e indústria. Foram analisados exemplos com alto volume de dados, múltiplas fontes e requisitos de compliance, demonstrando a flexibilidade do MLflow frente a desafios complexos.

No **Capítulo 19**, tratamos da integração com AutoML, com foco em frameworks como H2O AutoML, Google AutoML e frameworks open source como Auto-sklearn e TPOT. A interoperabilidade com essas ferramentas permite acelerar a prototipagem e aumentar o desempenho de modelos, mantendo rastreabilidade completa via MLflow.

Já no **Capítulo 20** reforçou a importância da reprodutibilidade e auditoria de experimentos, apresentando práticas para versionamento completo de código, dados, configurações e ambientes. Essas estratégias são mandatórias para projetos regulados e com forte rigor científico.

A criação de extensões e plugins foi abordada no **Capítulo 21**, mostrando como personalizar comandos, criar interfaces específicas para tarefas de negócio, e integrar o MLflow a pipelines internos proprietários. A capacidade de estender o MLflow amplia seu valor estratégico para organizações maduras.

O **Capítulo 22** explorou a integração com Spark e Big Data, apresentando estratégias para processar grandes volumes de dados, treinar modelos em clusters distribuídos e rastrear resultados com eficiência. O uso de MLflow em ambientes Spark permite análises paralelas com escalabilidade horizontal real.

O **23** tratou da otimização de hiperparâmetros, demonstrando integrações com ferramentas como Hyperopt, Optuna, e GridSearchCV, além do uso de estratégias Bayesianas, Random Search e algoritmos genéticos. O rastreamento de runs otimizadas via MLflow permite a escolha embasada do melhor modelo.

No **Capítulo 24**, analisamos riscos e planos de contingência, com foco em mitigação de falhas operacionais, segurança de dados e estratégia de rollback técnico. A prevenção foi destacada como uma responsabilidade estratégica para modelos em produção.

**Capítulo 25** apresentou um checklist final para projetos com MLflow, consolidando os pontos críticos de cada etapa do ciclo de vida de um modelo — do protótipo à produção — e oferecendo uma estrutura reutilizável para validação técnica, governança e evolução de projetos.

**Obrigado, leitor.** Seu tempo, dedicação e confiança nesta obra são profundamente valorizados. Que as técnicas aqui apresentadas se tornem ferramentas permanentes em sua prática diária e abram caminho para projetos cada vez mais estratégicos, eficientes e transformadores. Que sua jornada com MLflow vá além do conhecimento técnico, alcançando um patamar de maturidade e liderança em engenharia de machine learning. Seguimos juntos, sempre em aprendizado contínuo.

Cordialmente,
Diego Rodrigues & Equipe